Rustem Bekmyradov
Vepa Malikgulyyev

A potencial adesão do Turquemenistão à OMC

Rustem Bekmyradov
Vepa Malikgulyyev

A potencial adesão do Turquemenistão à OMC

- lições a tirar de outros países

ScienciaScripts

Imprint
Any brand names and product names mentioned in this book are subject to trademark, brand or patent protection and are trademarks or registered trademarks of their respective holders. The use of brand names, product names, common names, trade names, product descriptions etc. even without a particular marking in this work is in no way to be construed to mean that such names may be regarded as unrestricted in respect of trademark and brand protection legislation and could thus be used by anyone.

Cover image: www.ingimage.com

This book is a translation from the original published under ISBN 978-3-330-33059-7.

Publisher:
Sciencia Scripts
is a trademark of
Dodo Books Indian Ocean Ltd. and OmniScriptum S.R.L publishing group

120 High Road, East Finchley, London, N2 9ED, United Kingdom
Str. Armeneasca 28/1, office 1, Chisinau MD-2012, Republic of Moldova, Europe
Printed at: see last page
ISBN: 978-620-7-95208-3

A eventual adesão do Turquemenistão à OMC : lições a tirar de outros países

Autor: Rustem Bekmyradov, 744001, Ashgabat, Turquemenistão,

rbekmur@gmail.com

Ashgabat, 7 de fevereiro de 2015

Resumo

Dado que 98% do comércio mundial é efectuado pelos 159 membros da OMC e que outros 24 países estão a negociar a sua adesão à OMC, é apenas uma questão de tempo para que os outros - na sua maioria países em desenvolvimento, incluindo o Turquemenistão - solicitem a sua adesão à OMC, em especial se pretenderem desenvolver indústrias competitivas e obter acesso a mercados de exportação estrangeiros. No entanto, as estratégias de desenvolvimento económico seguidas pelos governos dos novos países aderentes nos respectivos países e outras condições de adesão podem influenciar a extensão dos benefícios económicos que os países, incluindo as suas indústrias, podem retirar da adesão à OMC.

O presente documento analisa três condições que podem influenciar o nível de benefícios decorrentes da adesão à OMC nos países em desenvolvimento ricos em recursos naturais, bem como os mecanismos através dos quais estas condições influenciam o crescimento económico. Os resultados da investigação indicam que os países que atingiram um nível mais elevado de industrialização no momento da adesão à OMC estão em melhor posição para colher os benefícios económicos da liberalização do comércio relacionada com a adesão. Esta conclusão pode incentivar os países em desenvolvimento a ajudarem as suas indústrias a melhorarem as suas vantagens comparativas antes de entrarem num ambiente comercial internacional competitivo através da adesão à OMC.

Resumo do conteúdo

Agradecimentos

Este trabalho não teria sido possível sem o apoio dos meus colegas da Deloitte Consulting LLP em Ashgabat. Estou também muito grato a Nihal Pitigala, Consultor Comercial Sénior do Banco Mundial, pelos seus comentários iniciais sobre a forma e a conceção deste estudo.

Lista de abreviaturas

UE	União Europeia
OMC	Organização Mundial do Comércio
CEI	Comunidade de Estados Independentes (CEI)
USAID	Agência dos Estados Unidos para o Desenvolvimento Internacional
NMF	Nação mais favorecida
WB	Banco Mundial
FMI	Fundo Monetário Internacional
GATT	Acordo Geral sobre Pautas Aduaneiras e Comércio
GATS	Acordo Geral sobre o Comércio de Serviços
URSS	União das Repúblicas Socialistas Soviéticas
PIB	Produto interno bruto
AVP	Valor acrescentado na indústria transformadora
IDE	Investimento direto estrangeiro
SAP	Programa de ajustamento estrutural
ONUDI	Organização das Nações Unidas para o Desenvolvimento Industrial
IPC	Desempenho industrial competitivo
NDP	Planos de desenvolvimento nacional

Capítulo 1 Introdução

A União Europeia (UE) está a trabalhar no sentido de promover a integração de todos os países na economia global, em especial através da eliminação das restrições ao comércio internacional. A estratégia da UE para a Ásia Central, adoptada em 2007, inclui a promoção do desenvolvimento económico, bem como do comércio e do investimento. Em conformidade com esta estratégia, a UE apoia a eliminação dos obstáculos ao comércio entre os Estados da Ásia Central e continuará a trabalhar no sentido da adesão à Organização Mundial do Comércio (OMC) dos quatro Estados da Ásia Central, alguns dos quais ainda não são membros da OMC.

Atualmente, cerca de 98% do comércio mundial é realizado pelos 159 membros da OMC. Vinte e quatro outros países estão atualmente a negociar a sua adesão à OMC, incluindo o Uzbequistão (com poucos progressos até à data), o Cazaquistão e o Azerbaijão, entre os países da CEI. O Turquemenistão é o único país da CEI que ainda não apresentou um pedido de adesão. O caso do Turquemenistão, as suas reflexões e as suas razões para aderir à OMC merecem, por conseguinte, uma maior atenção científica. Um estudo mais aprofundado das condições para uma adesão mais vantajosa à OMC poderia incentivar o governo do Turquemenistão a apresentar o seu pedido de adesão mais cedo do que tarde.

O objetivo desta tese de mestrado é examinar as principais condições que podem influenciar a magnitude dos benefícios que um país como o Turquemenistão poderia obter com a adesão à OMC. As principais condições estudadas são (1) o nível de industrialização de um país, (2) a coordenação da política económica pelo governo central e (3) a adesão tardia de um país à OMC. Ao analisar as anteriores adesões de países com uma estrutura económica semelhante à do Turquemenistão, o autor avalia o impacto destas condições nas taxas de crescimento económico destes países. Os resultados ajudam a avaliar se existe efetivamente uma relação entre as condições analisadas e o crescimento económico a longo prazo dos países candidatos. Se for possível demonstrar uma relação positiva, a política económica dos países candidatos poderá ser adaptada para reforçar a existência e a eficácia dessas condições.

Para explorar a área temática acima descrita, é formulada a seguinte questão de investigação na tese de mestrado: "*Em que condições é economicamente vantajoso para um país em desenvolvimento exportador de produtos de base aderir à OMC?*"

Esta área temática é de particular interesse para o autor da presente tese de mestrado, uma vez que é cidadão do Turquemenistão. Mas o que é ainda mais importante é que o autor está profissionalmente envolvido num projeto de desenvolvimento financiado pela Agência dos Estados Unidos para o

Desenvolvimento Internacional (USAID), denominado "Economic

[1]Projeto "Reformas para aumentar a competitividade" e projeto "Macroeconomia no Turquemenistão". O objetivo destes projectos é ajudar o Governo do Turquemenistão a promover um crescimento económico de base alargada, baseado numa maior participação do sector privado na economia, incluindo uma política comercial eficaz no contexto da eventual adesão do país à OMC. Os conhecimentos e as perspectivas que o autor adquiriu com a realização deste estudo serão inestimáveis, na medida em que o auxiliarão na execução de projectos de desenvolvimento do sector privado e do comércio no âmbito do projeto macroeconómico. Do mesmo modo, a experiência prática do autor no domínio das reformas comerciais contribuirá para a qualidade e a utilidade prática deste trabalho científico.

[1] O projeto EREC terminou em 2011. O seu sucessor é o Projeto Macroeconómico, liderado pela Deloitte Consulting LLP.

Capítulo 2 Sobre a OMC e a adesão à OMC

Todas as discussões deste trabalho são efectuadas no quadro fictício da adesão dos países à OMC. De certa forma, é este o enquadramento deste trabalho. No entanto, algumas das conclusões desta dissertação de mestrado podem também aplicar-se a acontecimentos que não ocorram apenas no contexto da adesão à OMC. No entanto, o objetivo deste trabalho não é centrar-se nesses acontecimentos em sentido lato, mas apenas nos acontecimentos e mecanismos que ocorrem no contexto da adesão dos países à OMC ou na sequência dessa adesão. Uma vez que a adesão à OMC foi identificada como o chamado "domínio" deste trabalho, é importante fornecer uma descrição adequada desta organização internacional, incluindo os benefícios e desafios da adesão.

No seu sítio Web oficial, a OMC é descrita como "a única organização internacional global que trata das regras do comércio entre nações" (sítio Web da OMC, 2015a). A organização funciona com base nos seus acordos "negociados e assinados pela maioria das nações comerciais do mundo e ratificados pelos seus parlamentos" (ibid.). A organização iniciou oficialmente as suas actividades em 1 de janeiro de 1995, na sequência do Acordo de Marraquexe, que substituiu o Acordo Geral sobre Pautas Aduaneiras e Comércio (GATT) de 1948. Os princípios e acordos da OMC baseiam-se em grande medida nas teorias económicas neoclássicas que defendem o comércio livre. Segundo estas teorias, "as políticas comerciais liberais da OMC - políticas que permitem que os bens e serviços circulem sem entraves - exacerbam a concorrência, incentivam a inovação e são sinónimo de sucesso. Multiplicam os benefícios de produzir os melhores produtos, os mais bem concebidos, ao melhor preço" (sítio Web da OMC, 2015b).

A maior parte dos argumentos a favor da adesão à OMC apontam na mesma direção. Estes argumentos foram bem documentados numa série de publicações recentes. No seu documento de trabalho sobre investigação política do Banco Mundial, Cattaneo e Braga resumem as principais vantagens em dois grandes temas - as políticas externas e internas dos países candidatos (Cattaneo e Primo Braga 2009). Entre as principais razões "externas" para aderir à OMC, citam (1) melhores condições para as exportações para outros países graças ao acesso à cláusula da nação mais favorecida nesses países, (2) redução dos custos de negociação comercial, (3) participação na definição das regras do comércio internacional e (4) acesso a um mecanismo internacional de resolução de litígios (ibid.: 4-5). As razões "internas" para a adesão à OMC estão relacionadas com a melhoria do ambiente empresarial para as empresas nacionais e os investidores internacionais e incluem (1) reformas no sentido de uma política comercial mais eficaz e credível e (2) a utilização da adesão como âncora ou quadro para melhorar a legislação nacional (ibid.: 5-6).

Embora a adesão à OMC tenha vantagens óbvias, tem também um custo. O processo de adesão à OMC exige um empenhamento considerável de recursos do sector público em termos de pessoal, coordenação, reforço das capacidades, elaboração de legislação e concessão de licenças, recursos de que um país em desenvolvimento pode não dispor. Por exemplo, a Arábia Saudita aderiu à OMC em 2005, após dez anos de negociações, 365 rondas de negociações bilaterais e 14 rondas multilaterais, 3 500 respostas a perguntas sobre o seu regime comercial e sistema de regulamentação das empresas e 7 600 páginas de documentos. A Arábia Saudita também se preparou para a implementação dos seus compromissos emitindo 28 decretos reais e 42 leis e portarias (Evenett 2006). Para além disso, a duração do longo processo de adesão à OMC continuou a aumentar nos últimos dez anos (ver Figura 1).

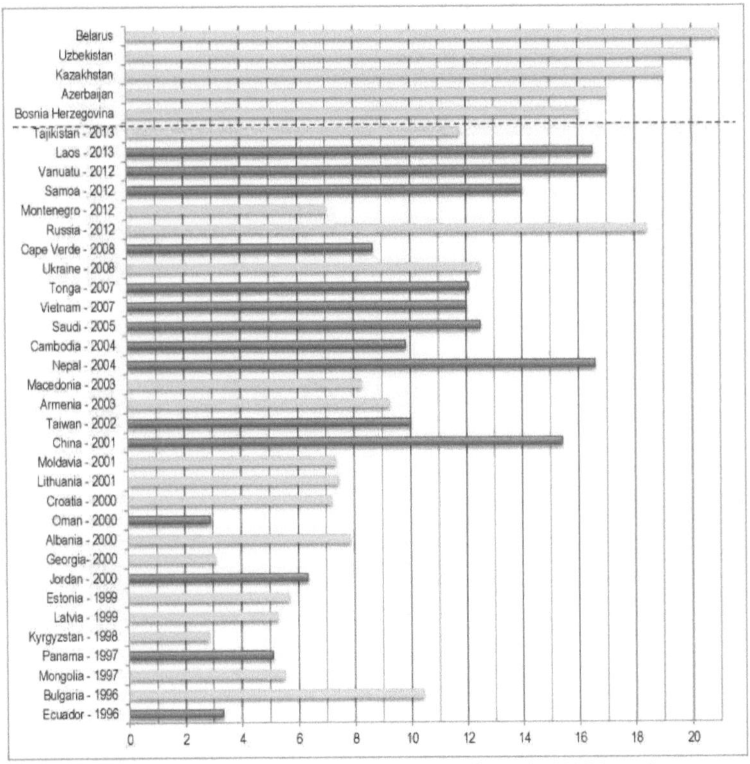

Figura 1: Tempo de adesão de todos os novos membros da OMC (anos)

Fonte: sítio Web da OMC.

Dois especialistas em comércio do Banco Mundial, Simon Evenett e Carlos Prima Braga, resumiram brevemente os custos do processo de adesão no número 23 da série Trade Notes do Banco Mundial. Estes custos incluem o nível de obrigações exigido aos novos operadores, que é muito mais elevado do que na fase inicial do Acordo Geral sobre Pautas Aduaneiras e Comércio (GATT). Evenett e Braga observam que "dado o entrelaçamento das negociações bilaterais e multilaterais no processo de adesão, quanto maior for o número de membros, mais pedidos específicos receberá um país candidato e mais tempo demorará o processo". Com a crescente diversidade de interesses no âmbito da OMC, o número de questões a considerar no processo de adesão é maior do que nunca (Evenett e Braga 2006). [2]Devido aos custos e desafios acima referidos associados à adesão à OMC, a literatura académica dos últimos anos tem criticado consideravelmente a OMC, em especial no que se refere aos países em desenvolvimento.

Apesar de todos estes desafios associados à adesão à OMC, a maioria dos quais relacionados com a política económica nacional e o rigor das regras de adesão à OMC, os novos países optam por aderir à OMC. Parte-se do princípio de que tal não está apenas ligado aos benefícios económicos, mas também a considerações políticas dos países recém-aderentes, que querem mostrar à comunidade mundial que pretendem seguir os princípios da economia de mercado no seu desenvolvimento económico. Como afirma Cattaneo, para muitos países, a adesão à OMC é hoje "uma decisão política matizada de racionalidade económica" (Cattaneo 2008: 37). Para alguns países, o "verniz de racionalidade económica" é mesmo inexistente, uma vez que decidem aderir sem terem analisado exaustivamente as consequências económicas da adesão à OMC, como foi o caso da Mongólia, por exemplo (Tsogtbaatar 2005).

[2] ver capítulo 4 para a análise da literatura abaixo

Capítulo 3 Turquemenistão

Dado que o título do presente trabalho se centra no Turquemenistão, é importante fornecer algumas informações de base sobre este país e a sua situação no processo de adesão à OMC. Para responder eficazmente à pergunta de investigação "Em que condições é economicamente vantajoso para um país em desenvolvimento exportador de recursos naturais aderir à OMC?", parte-se do princípio de que o Turquemenistão já tomou a decisão de aderir à OMC e está atualmente a ponderar a sua política no âmbito do seu plano de adesão e as condições que pretende negociar com os outros países membros no âmbito deste processo. O pressuposto de que o Turquemenistão tomou a decisão de aderir à OMC influenciará o enquadramento teórico e a formação das hipóteses relevantes no resto desta tese, uma vez que é importante manter o discurso teórico não só no âmbito da literatura contemporânea, mas também aplicá-lo ao país mencionado no título da tese. No entanto, como em toda a investigação académica, as conclusões desta tese devem ser relevantes para uma série de países que se assemelham ao Turquemenistão em termos de estrutura económica, do papel do governo na coordenação central da estratégia económica do país e da data de adesão à OMC (que serão os temas das três hipóteses formuladas mais adiante na tese). Do mesmo modo, a descrição do contexto do Turquemenistão será limitada essencialmente a estes três temas (ou seja, a estrutura económica, o papel do governo central na coordenação da estratégia económica e o estatuto do país no momento da sua adesão à OMC), a fim de garantir a formulação de hipóteses sólidas, evitando gastar muito tempo em descrições que não são diretamente relevantes para o objetivo principal deste trabalho.

O Turquemenistão é um dos cinco países da Ásia Central e uma das 15 antigas repúblicas da URSS, atualmente Estados independentes. O país tem fronteiras com o Afeganistão, o Irão, o Cazaquistão, o Uzbequistão e o Mar Cáspio. Cerca de 80% do país é deserto. O clima do Turquemenistão é estritamente continental e extremamente seco (sítio Web do Comité de Estatística do Turquemenistão). O país é rico em petróleo e gás natural e o algodão é o seu principal produto agrícola. No entanto, durante os anos de independência, desde 1991, desenvolveram-se outras indústrias transformadoras, incluindo a refinação de petróleo, a indústria química e petroquímica, a indústria têxtil e a indústria alimentar, para citar apenas algumas.

3.1. Valores de crescimento do PIB

O PIB do Turquemenistão tem crescido de forma constante desde 1998, em resultado do aumento dos preços mundiais da energia. Durante o período de 15 anos compreendido entre 1998 e 2012, o crescimento foi, em média, de quase 9% (ver

Figura 2 abaixo), o que permitiu ao Turquemenistão ser reclassificado como país de rendimento médio pelo Banco Mundial em julho de 2012. O crescimento do PIB ao longo destes anos conduziu a um aumento do investimento público. O investimento público contribuiu igualmente para um forte crescimento fora do sector petrolífero. A balança corrente estava globalmente equilibrada, com o crescimento das importações de bens de capital a exceder o das exportações (Asian Development Outlook 2014; EBRD Turkmenistan Transition Report 2014).

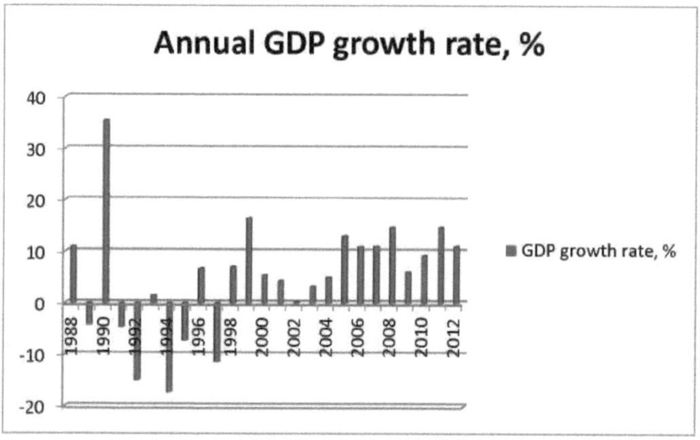

Figura 2: Taxa de crescimento anual do PIB no Turquemenistão, em termos percentuais anuais, 1998-2012.

Fonte: Indicadores de Desenvolvimento Mundial, Banco Mundial, 2015

Como mostra a Figura 2, as taxas de crescimento do PIB do Turquemenistão são bastante impressionantes. Como já foi referido, este facto deve-se principalmente ao crescimento das exportações de energia do país e ao aumento dos preços da energia no mercado mundial. A secção seguinte apresenta uma explicação estatística.

3.2. Dependência das exportações de recursos

É consensual que as impressionantes taxas de crescimento da economia do Turquemenistão foram alcançadas graças ao aumento dos preços dos hidrocarbonetos. O facto de 90% das exportações do país em 2013 consistirem em gás natural, petróleo bruto e subprodutos de hidrocarbonetos (International Trade Centre 2015) mostra a forte dependência do país dos recursos de hidrocarbonetos. Ao mesmo tempo, o peso das exportações totais do país no PIB é também bastante elevado, com uma média de 79% nos últimos 12 anos (The World Bank, 2014).

Figure 3. **Exportações do Turquemenistão em percentagem do PIB.**

Fonte: Indicadores de Desenvolvimento Mundial, Banco Mundial, 2014

No entanto, uma vez que os produtos de hidrocarbonetos constituem a grande maioria das exportações do país, as flutuações no volume das exportações totais podem ser atribuídas e associadas a flutuações no volume das exportações de energia, particularmente de gás natural, uma vez que o gás natural é o maior item na estrutura de exportação do país, representando 79% em 2013 (International Trade Centre 2015).

Figure 4. **Valor das exportações de gás natural do Turquemenistão no período 2001-2013.**

Fonte: Centro de Comércio Internacional, Base de dados de mapas de comércio, acesso 2015

[3]A figura acima apresenta estatísticas sobre as exportações de gás natural a partir de 2001. [1]Se compararmos a curva de vendas de gás natural para o período 2001-2013 com as curvas da Figura 2 (ver acima), não existem dados disponíveis para o Turquemenistão para os anos anteriores a este período.

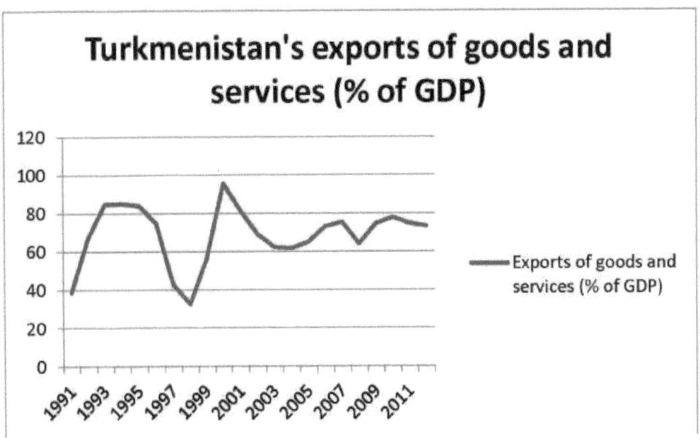

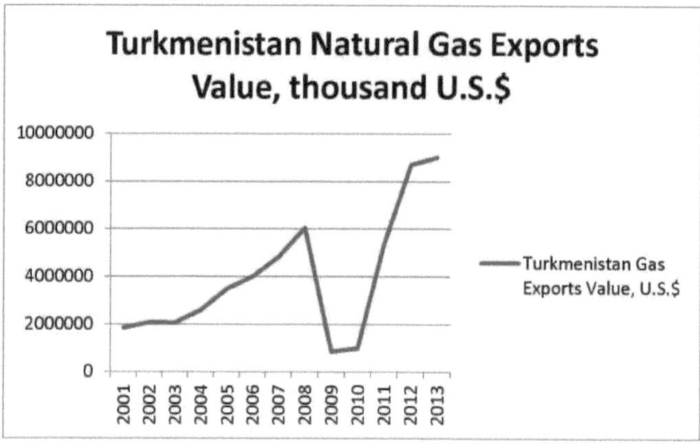

(em cima, taxas de crescimento anual do PIB) e na Figura 3 (em cima, exportações do Turquemenistão em % do PIB), há semelhanças claras para o período 2001-2013. Em particular, as baixas taxas de exportação de gás natural em 2001-2002 (na Figura 4) explicam as taxas de crescimento do PIB relativamente lentas em 2001-2003. Do mesmo modo, o crescimento contínuo dos volumes de gás natural a partir de 2004 (na Figura 4) explica as taxas de crescimento mais elevadas da economia na década seguinte (na Figura 2). E mesmo a queda nas exportações de gás natural durante os anos de crise global, ou seja, 2009-2010, não teve um impacto tão grande nas taxas do PIB, graças às reservas cambiais acumuladas durante os anos anteriores de crescimento e outros estimulantes do crescimento. O principal fator que explica esta forte correlação entre o volume das exportações de gás natural (Figura 4) e a taxa de crescimento do PIB (Figura 2) parece ser o elevado peso do gás natural na estrutura das exportações e o elevado peso das exportações totais no PIB do país (Figura 3).

O facto de o país ainda não ter solicitado a adesão à OMC pode ser explicado pelo facto de os preços dos hidrocarbonetos não estarem sujeitos a direitos aduaneiros, de serem fixados independentemente dos princípios do comércio livre competitivo e de não dependerem realmente do grau de liberalização comercial da economia. Por conseguinte, o país não fez da adesão à OMC uma prioridade.

3.3. Coordenação central da política económica pelo Estado

Enquanto antiga república da União Soviética, o Turquemenistão herdou a estrutura de uma economia planificada, em que o Estado elaborava um plano económico que definia antecipadamente o tipo e o volume de produção, bem como os recursos necessários atribuídos pelo governo central para servirem de factores de produção para a produção planeada. Nos últimos 23 anos, desde a independência, o Turquemenistão tem vindo a afastar-se gradualmente deste modelo e a aproximar-se de uma economia de mercado. A atual gestão da economia pode ser descrita como uma economia mista, em que os princípios da economia de mercado são aplicados em certos ramos e sectores (por exemplo, comércio retalhista, transformação de alimentos, construção, transportes, etc.), mas em que o Estado manteve um papel na orientação da política económica geral e mantém o controlo de certos ramos considerados estratégicos (por exemplo, petróleo e gás, aviação, transportes ferroviários).

Alguns exemplos da gestão estratégica da política económica do Estado são os programas de desenvolvimento económico a médio e longo prazo adoptados pelo Governo. Para gerir o desenvolvimento económico do país nas próximas duas décadas, por exemplo, o Governo adoptou o Programa Nacional de Desenvolvimento Socioeconómico (PNDE) 2011-2030, que visa diversificar e modernizar a base industrial do país, desenvolver as zonas rurais e melhorar o nível de vida. Para o futuro a médio prazo, o governo adoptou uma série de estratégias de desenvolvimento setorial, incluindo as seguintes:

1. O programa de desenvolvimento económico do Estado para 2012-2016
2. O programa governamental de desenvolvimento do mercado bolsista e da bolsa de valores para 2012-2016
3. Programa de desenvolvimento do sector bancário para 2012-2016
4. O programa de privatizações para 2013-2016

Estes programas definem as principais orientações para um maior desenvolvimento económico e estabelecem vários objectivos qualitativos e quantitativos.

No entanto, a política do país não pode ser descrita como uma simples substituição de importações. Embora a substituição das importações ainda esteja presente na linguagem da política económica do governo, faz parte de uma política de desenvolvimento mais ampla, que também inclui termos como "diversificação económica", "promoção das exportações", "inovação", "tecnologias" e "industrialização". A abordagem do governo turcomano à política económica pode, portanto, ser descrita como uma "estratégia de industrialização", se nos referirmos à tipologia utilizada por Todaro e Smith (2011: 613). Segundo estes autores, a abordagem da estratégia de industrialização é uma "abordagem virada para o exterior e otimista do desenvolvimento orientado para a exportação, mas que inclui um papel ativo do governo na influência da natureza e da ordem das exportações, à medida que um país se esforça por produzir produtos mais avançados e de maior valor acrescentado" (ibid.). O Turquemenistão parece corresponder a esta definição.

3.4. Ainda não foi apresentado qualquer pedido de adesão à OMC

O Turquemenistão não solicitou a sua adesão à OMC. Há dois anos, em janeiro de 2012, o presidente, que é também chefe do governo, ordenou a criação de um grupo de trabalho para estudar a viabilidade e as consequências da adesão à OMC. Desde então, não foram anunciadas quaisquer conclusões ou recomendações oficiais do grupo de trabalho.

Como já referimos, o facto de o país não ter pressa em tornar-se membro da OMC pode ser explicado pela estrutura económica do país, que depende fortemente das exportações de hidrocarbonetos. Como sabemos, as exportações de hidrocarbonetos, em particular de gás natural, não estão sujeitas a tarifas ou a outras condições comerciais geralmente aceites. Em vez disso, as condições de exportação do gás natural, que é transportado principalmente por gasoduto, são estabelecidas caso a caso, através de negociações mútuas entre governos e/ou empresas. Consequentemente, a maioria dos acordos da OMC não se aplica às circunstâncias práticas da venda e do preço do gás natural.

Se o Turquemenistão solicitasse a sua adesão à OMC, seria, de qualquer modo, considerado um "retardatário".

Capítulo 4 Revisão da literatura e teorias relevantes

No contexto da questão de investigação, este capítulo apresenta uma panorâmica da literatura científica que constitui a base teórica para a discussão da liberalização do comércio através da adesão à OMC e das condições específicas que influenciam a magnitude dos benefícios da adesão à OMC.

4.1. Teorias gerais do comércio internacional a favor do comércio livre

Não é preciso ser um economista ou um académico para perceber que a teoria dominante no contexto do comércio internacional é a "teoria do comércio livre", também conhecida como teoria neoclássica das vantagens comparativas. Esta teoria baseia-se na obra de Adam Smith A Riqueza das Nações (Smith, 1776). Smith introduziu o argumento de que a abertura do comércio com outros países conduz a uma expansão do mercado que permite aos países que praticam o comércio especializarem-se mais, ou seja, os países não têm de produzir eles próprios bens que podem comprar a outros países a preços relativamente baixos.

Esta ideia de comércio livre baseada na especialização e na divisão do trabalho foi desenvolvida por David Ricardo, que introduziu a teoria das vantagens comparativas (Ricardo 1817). O princípio da vantagem comparativa afirma que, no comércio internacional, os países devem especializar-se na exportação de bens que podem ser produzidos ao menor custo relativo. Este princípio da vantagem comparativa cria oportunidades para um comércio vantajoso, mesmo entre parceiros comerciais desiguais.

Neste modelo clássico de vantagens comparativas, a base do comércio reside unicamente nas diferenças internacionais de produtividade do trabalho ou de tecnologia. thMais tarde, no século XX, os economistas suecos Eli Heckscher e Bertin Ohlin desenvolveram a teoria ricardiana, tendo em conta as diferenças na dotação de factores entre países, nomeadamente terra, clima, trabalho e capital (Heckscher 1949; Ohlin 1933). Esta teoria, conhecida como teoria da dotação de factores ou teoria de Heckscher-Ohlin, afirma que os países tendem a especializar-se na produção de bens que utilizam os seus factores de produção abundantes (terra, trabalho, capital, etc.).

Com base neste modelo neoclássico de comércio livre, os defensores da globalização argumentam que o aumento da atividade económica transfronteiriça traz enormes benefícios para todos os países (Bhagwati 2007; Friedman 2005).

4.2. Teorias que concorrem com os argumentos clássicos do comércio livre

4.2.1. O papel da intervenção pública

Embora o argumento do comércio livre da teoria neoclássica seja bastante apelativo em termos do seu potencial para maximizar a prosperidade global, há opiniões que discordam de alguns dos seus pressupostos e postulados, como a não intervenção dos governos nos mercados através de medidas que afectem o comércio "natural", ou o pressuposto de que a tecnologia de produção é fixa (modelo ricardiano) ou semelhante e está livremente disponível para todos os países (modelo neoclássico/de dotação de factores).

Uma das críticas de longa data à teoria do comércio livre tem sido o argumento da "indústria nascente", segundo o qual as empresas dos países pobres ou menos desenvolvidos não conseguem estabelecer-se em novos sectores se não estiverem protegidas dos concorrentes internacionais, quer através de restrições comerciais, quer através de subsídios públicos. Com o tempo, os produtores nacionais protegidos aumentam a sua produtividade para o nível dos seus concorrentes internacionais, ou mesmo para um nível superior. Isto ocorre geralmente em resultado de esforços deliberados do governo nacional para aumentar a produtividade, investindo na formação dos trabalhadores, na investigação e desenvolvimento e nas capacidades de gestão das empresas (Todaro e Smith 2011: 600).

O argumento do "grande impulso" é semelhante ao argumento tradicional das indústrias nascentes. Tenta justificar o desenvolvimento económico liderado pelo Estado argumentando que, devido à "complementaridade da procura" entre diferentes indústrias, é necessária uma coordenação prévia do investimento por parte do governo quando se desenvolvem indústrias num país onde estas ainda não existem (Rosenstein-Rodan 1943, 1961; Nurkse 1953).

Podemos, portanto, distinguir entre uma política de desenvolvimento mais virada para o exterior e outra mais virada para o interior. Uma política de desenvolvimento orientada para o exterior é aquela que "encoraja não só o comércio livre, mas também a livre circulação de capitais, de mão de obra, de empresas e de estudantes..., as empresas multinacionais e um sistema de comunicação aberto" (Streeten 1973). Por outro lado, uma política de desenvolvimento virada para dentro centra-se na necessidade de os países definirem o seu próprio estilo de desenvolvimento e assumirem o controlo do seu próprio destino económico, incluindo o desenvolvimento de tecnologias a nível interno, a imposição de barreiras à importação e o desencorajamento do investimento privado estrangeiro (Streeten 1973). Embora a política da pequena indústria seja frequentemente vista como parte da estratégia de interiorização, muitas vezes associada à estratégia de substituição das importações ou à teoria do protecionismo, pode, de facto, facilitar também a estratégia de promoção das exportações. Muitos autores utilizaram o argumento da indústria nascente como base para defender teorias comerciais mais dinâmicas (Rodrick 1991; Bell et al 1984; Pack & Westphal 1986; Westphal 1982). Estas teorias dinâmicas do comércio partem do princípio de que os países adoptam uma abordagem diferenciada da política comercial, baseando-se em elementos das estratégias de substituição das importações e de promoção das exportações para desenvolver determinados sectores.

Uma abordagem a esta escola de pensamento é a abordagem da estratégia de industrialização, que é "virada para o exterior e otimista em relação ao desenvolvimento orientado para a exportação, mas que, no entanto, antecipa um papel ativo do governo em influenciar a natureza e a ordem das exportações, à medida que um país se esforça por produzir produtos mais avançados e de maior valor acrescentado" (Todaro e Smith 2011: 613). A abordagem da estratégia de industrialização, que surgiu como uma literatura empírica, evoluiu depois para uma teoria que explica por que razão uma estratégia de exportação intervencionista pode acelerar o crescimento e melhorar os resultados do desenvolvimento mais do que uma abordagem estrita do comércio livre (Cimoli, Dosi e Stiglitz 1999).

4.2.2. Sobre a desigualdade das condições de partida entre o Norte e o Sul

De um outro ponto de vista, geográfico ou temporal, alguns críticos da teoria do comércio livre argumentam que a participação *tardia* de muitos países em desenvolvimento, ou seja, os países do Sul, no comércio mundial liberalizado funciona contra eles e que os países atualmente desenvolvidos, os países do Norte, tiveram a vantagem de se envolverem no comércio mundial mais cedo do que a maioria dos outros países. Os chamados modelos comerciais Norte-Sul centram-se nas relações comerciais entre países ricos e países pobres e tentam determinar em que medida estes grupos distintos de países beneficiaram ou sofreram perdas em resultado das diferentes condições que prevaleciam na altura da sua integração ativa no mundo. Em contrapartida, a teoria tradicional do comércio deveria aplicar-se a todos os países. (Krugman 1981; Dutt 1988; Khor 2001).

A teoria do desenvolvimento tardio, também conhecida como teoria da industrialização tardia, desenvolvida por Alexander Gerschenkron, defende que quanto mais tarde um país inicia o processo de industrialização e de integração no comércio mundial, maior é a sua necessidade de instituições financeiras eficientes, o que justifica um maior papel do Estado nos países em desenvolvimento, por exemplo, o Estado na Rússia czarista (Gerschenkron 1962).

4.2.3. Sobre a desigualdade das condições de concorrência no contexto da OMC

Estas teorias (modelos comerciais Norte-Sul e teoria do desenvolvimento tardio) também podem ser aplicadas à questão da adesão à OMC, se partirmos do princípio de que esta organização internacional representa o "território" ou o Norte. Chakravarthi Raghavan argumenta no seu artigo "UNCTAD Plan of Action Provides Critique ofWTO agreements:

O sistema comercial da OMC apresenta assimetrias e desequilíbrios em relação aos países em desenvolvimento e fez com que os "retardatários" enfrentassem condições políticas mais rigorosas para a industrialização e o desenvolvimento, tendo as barreiras comerciais remanescentes um impacto negativo nos países em desenvolvimento. Embora os países em desenvolvimento necessitem de flexibilidade política para apoiar e incentivar as suas empresas, o seu investimento na produção e comercialização e a expansão e diversificação das suas exportações, os "retardatários" enfrentam atualmente condições políticas mais rigorosas do que anteriormente. O quadro multilateral das regras da OMC, embora contribuindo para um ambiente estável e previsível, reduziu nalguns casos o leque de opções políticas disponíveis para os governos, enquanto os compromissos assumidos no âmbito dos programas de ajustamento estrutural do FMI e do Banco Mundial restringiram ainda mais as restantes opções políticas". (Raghavan 2000).

Raghavan continua a acreditar que a política comercial e a liberalização do comércio devem ser mais estreitamente alinhadas com os objectivos globais de desenvolvimento e que devem ser procuradas formas de garantir que o comércio contribua de forma mais decisiva para a redução da pobreza nos países em desenvolvimento. O papel do comércio no estímulo ao crescimento económico, a distribuição dos efeitos do crescimento e as estratégias sectoriais para a agricultura e o turismo e, a longo prazo, para a diversificação para a indústria e os serviços avançados devem ser mais explorados, incluindo o acompanhamento do impacto dos acordos comerciais multilaterais no desenvolvimento (ibid.). Um outro argumento apresentado por Aileen Kwa é que o cumprimento das regras da OMC é problemático para os países em desenvolvimento e que "ao longo dos anos, à medida que os interesses comerciais dos países desenvolvidos se foram alargando, estes países também defenderam a inclusão de mais questões no GATT/OMC". (Kwa 2003).

Há também uma crítica crescente à OMC no seu conjunto. Martin Khor, por exemplo, argumenta que "a OMC não gere a economia mundial de forma imparcial, mas que o seu funcionamento favorece sistematicamente os países ricos e as multinacionais, em detrimento dos países pequenos que têm menos poder de negociação" (Khor 2000). Outro crítico, Richard Blackhurst, descreve as discussões na "sala verde" da OMC como "não representativas e não inclusivas". Observa que "os participantes mais activos, que representam um vasto leque de interesses e objectivos, tornaram a tomada de decisões na OMC mais difícil e o processo de "construção de consensos" foi interrompido. Os resultados dos debates na Sala Verde são apresentados aos outros membros da OMC, que podem votar sobre os resultados. Por conseguinte, propuseram a criação de um pequeno comité diretor informal (um "órgão consultivo") ao qual poderia ser atribuída a responsabilidade de desenvolver consensos sobre questões comerciais entre os países membros (Blackhurst 2000).

4.2.4. Questões sobre o "valor acrescentado" da OMC

Existe também uma literatura que questiona o valor acrescentado da instituição da OMC para o comércio internacional. Alguns investigadores reuniram dados empíricos que não mostram qualquer correlação entre a adesão à OMC e os ganhos comerciais de um país. Um dos trabalhos que comprova este facto é o artigo de Andrew Rose intitulado "Do we really know that the WTO increases trade?" (2004).

No que diz respeito aos lucros no sector dos serviços, Eschenbach e Hoekman (2006) também concluíram que quanto mais um país se compromete com os princípios da OMC, em particular com o Acordo Geral sobre o Comércio de Serviços (GATS), menos eficaz é a sua política no sector dos serviços. No entanto, segundo os autores, este facto pode estar parcialmente relacionado com a relutância dos parceiros da OMC em iniciar um processo na OMC nos casos em que os países recém-aderentes não cumprem as suas obrigações no âmbito da OMC, devido ao elevado custo deste mecanismo de aplicação.

A literatura sobre a avaliação ou medição dos benefícios da adesão à OMC é relativamente escassa e o assunto merece ser estudado com maior profundidade. Daí a escolha do tema geral desta tese de mestrado, que é avaliar as condições para uma adesão mais vantajosa para os países.

Capítulo 5 Quadro teórico

Tendo em conta a pesquisa bibliográfica acima referida sobre os conceitos teóricos do comércio internacional, bem como a informação de base e a literatura académica sobre os benefícios e os desafios da adesão à OMC, convém agora voltar à questão de investigação da tese de mestrado e formular em seguida as hipóteses.

5.1. Questão de investigação

Nesta fase, a questão de investigação deve ser revista com base nos debates acima referidos, a fim de orientar o discurso metodológico e a investigação subsequentes. Após ter fornecido informações de base sobre o Turquemenistão, o autor do presente trabalho tentará agora formular a questão de investigação de modo a que esta se aplique, na medida do possível, ao caso do Turquemenistão. O quadro geral desta investigação será a "adesão à OMC", ou seja, o discurso será efectuado no contexto da adesão de países à OMC. Para delimitar melhor a área de investigação, o autor examinará a adesão à OMC em termos dos seus benefícios económicos, ou seja, como é que os países podem beneficiar economicamente da adesão à OMC. Mais especificamente, como é que a taxa do PIB e, eventualmente, outros indicadores de desenvolvimento económico, como o valor acrescentado no sector transformador ou o investimento direto estrangeiro, aumentam - ou diminuem - após a adesão de um país à OMC (estes indicadores serão examinados mais tarde, no âmbito da operacionalização das hipóteses).

Como já referimos, é necessário delimitar os tipos de países a analisar, ou seja, seleccioná-los de acordo com as características presentes no caso do Turquemenistão, de modo a poder observá-los e analisá-los. Uma dessas características é o facto de o país ser um país dependente ou exportador de recursos, o que significa que as exportações de combustíveis minerais representam uma proporção significativa do seu PIB. Em certa medida, este facto também qualifica o país como um país em desenvolvimento. Podem existir algumas outras características e factores críticos que devem ser analisados, incluindo a formulação de hipóteses (por exemplo, uma forte coordenação das políticas económicas pelo Estado, um "retardatário" da OMC, etc.). Tendo em conta estes aspectos, a questão de investigação é formulada da seguinte forma:

"Em que condições faz sentido, do ponto de vista económico, que um país em desenvolvimento que exporta matérias-primas adira à OMC?

Espera-se que o presente trabalho de investigação contribua para o conhecimento científico no domínio da adesão à OMC e das diferentes condições que influenciam as perspectivas de obtenção de benefícios dessa adesão. Com base nos resultados deste trabalho, os países com uma estrutura económica e uma governação semelhantes às do Turquemenistão poderão desenvolver uma abordagem mais diferenciada das negociações de adesão à OMC e gerir melhor o impacto da adesão à OMC nas suas economias, atenuando simultaneamente os custos de ajustamento e maximizando os benefícios pós-adesão à OMC.

5.2. Hipóteses relacionadas com a questão de investigação

Com base na questão de investigação acima formulada e na análise da literatura acima referida sobre os principais factores que afectam os benefícios do comércio livre e da adesão à OMC, podem agora ser formuladas hipóteses de investigação relevantes. As hipóteses centrar-se-ão nas áreas - ou condições ou factores - que têm impacto nos benefícios económicos da adesão à OMC e que não parecem ter sido suficientemente investigadas, ou seja, em que não existe consenso científico sobre se essas condições têm uma influência claramente positiva ou negativa na concretização dos benefícios da adesão à OMC. Estas hipóteses não se excluem mutuamente, mas concorrem, no entanto, para explicar qual a condição que influencia a capacidade de um país em desenvolvimento exportador de produtos de base para obter maiores benefícios económicos com a adesão à OMC.

Com base nas teorias económicas e nos debates sobre o comércio internacional e a OMC, são formuladas três hipóteses com três variáveis independentes (IV) que podem ser expressas da seguinte forma: "XI", "X2", "X3" e uma variável dependente (VD) ou "D", que tentarei explicar testando "X1", "X2", "X3" e os seus efeitos em "D".

5.2.1. Pressuposto 1

Um termo importante na pergunta de investigação é "exportador de recursos". Um país "exportador de recursos" implica um menor grau de industrialização da sua economia. Este facto deve-se à tentação de um país rico em recursos naturais de aumentar a sua prosperidade apenas através da venda dos seus recursos minerais ou matérias-primas. O desenvolvimento através do desenvolvimento da produção e das competências tecnológicas, do conhecimento e da educação leva muito mais tempo e exige muito mais paciência e um esforço consistente e disciplinado por parte do Estado. É por esta razão que os países ricos em recursos naturais tendem a não se concentrar tanto na diversificação das suas indústrias para outras indústrias, ou a fazê-lo apenas lentamente. Este processo mais lento de desenvolvimento noutras indústrias é também comparado ao fenómeno da "maldição dos recursos", ou seja, a abundância de um determinado recurso que pode trazer um enriquecimento rápido, mas que geralmente conduz a um progresso lento noutras áreas do desenvolvimento económico, como a indústria transformadora, que exige um progresso constante baseado no conhecimento (Ross 1999; Rosser 2006;

Humphreys, Sachs e Stiglitz 2007).

No entanto, alguns países, como a Noruega, conseguiram ultrapassar o risco de dependência dos seus recursos naturais e desenvolveram-se fortemente a nível industrial. [st] A classificação da Noruega no Índice de Desempenho Industrial Competitivo da UNIDO é bastante elevada (0,12), 31° no mundo, apesar do facto de as suas exportações de combustíveis minerais e petróleo representarem dois terços do total das suas exportações (International Trade Centre 2014). Isto mostra que alguns países exportadores de recursos têm sido capazes de alcançar um nível significativo de industrialização, apesar do risco de serem "amaldiçoados" pelos seus recursos.

Uma vez que esta discussão se insere no contexto da adesão à OMC, convém recordar que o quadro teórico de base da OMC assenta no conceito de comércio livre, que é sustentado pela teoria das vantagens comparativas (Ricardo 1817) e pela teoria neoclássica ou da dotação de factores (Heckscher 1949; Ohlin 1933), tal como descrito numa secção anterior deste trabalho de investigação (Capítulo 4 sobre a análise da literatura). De acordo com a teoria das vantagens comparativas, os países devem especializar-se na exportação de bens que possam ser produzidos ao *menor custo relativo no* comércio internacional, enquanto a teoria da dotação de factores postula que os países devem especializar-se na produção de bens que utilizem os seus factores de produção *abundantes* (terra, trabalho, capital, etc.). Aplicada a uma economia exportadora de recursos, esta teoria significa que estes países devem continuar a concentrar-se na venda - e talvez, em alguns casos, na transformação - dos seus recursos naturais, que são o seu produto "mais barato" e "mais abundante". Por último, os princípios teóricos e práticos subjacentes à OMC apelam a que os países comercializem os produtos em que são mais competitivos, o que, de acordo com a teoria neoclássica e a OMC, deverá resultar nos maiores benefícios económicos para cada país.

Mas será que uma tal abordagem, baseada exclusivamente na teoria neoclássica do comércio livre, permitiria a um país rico em recursos naturais obter os maiores benefícios económicos com a adesão à OMC? Ou será que esse país deveria tentar primeiro industrializar-se, desenvolvendo uma vantagem comparativa noutro sector, libertando-se assim da sua forte dependência dos recursos naturais e das exportações?

A primeira hipótese visa testar se o grau de industrialização de um país rico em recursos naturais e exportador de recursos naturais que adere à OMC influencia o seu potencial para obter maiores benefícios económicos como membro da OMC. O grau de industrialização de um país é, portanto, a variável independente ou "X1" na primeira hipótese, enquanto os benefícios económicos decorrentes da adesão à OMC são a variável dependente ou "D".

Considerando que a teoria do comércio livre parte do princípio de que qualquer economia, mesmo rica em matérias-primas, não deve fazer nenhum esforço especial ou "antinatural" para se industrializar antes ou depois da OMC

O autor deste estudo adopta uma posição oposta à teoria do comércio livre e coloca a hipótese de que o grau de industrialização tem uma influência positiva no grau de benefícios decorrentes da adesão à OMC. O autor parte do princípio de que, mesmo que um país rico em recursos naturais se esforce ativamente por se industrializar, esse esforço pode ser recompensado com maiores benefícios económicos decorrentes da adesão à OMC. A hipótese em si pode, portanto, ser formulada da seguinte forma:

"Quanto mais industrializado for um país, maiores serão os benefícios económicos da adesão à OMC".

A análise desta hipótese utilizando o exemplo dos países exportadores de produtos de base e os resultados que se seguem deverão contribuir para fazer avançar a literatura científica sobre a questão de saber se um país rico em produtos de base deve procurar industrializar-se a fim de maximizar os benefícios económicos que retira da adesão à OMC.

5.2.2. Pressuposto 2

A segunda hipótese é semelhante à primeira na lógica da sua formulação. A teoria económica neoclássica postula que o Estado não deve intervir no mercado, exceto em áreas em que se verifique uma falha do mercado. As forças naturais do mercado da oferta e da procura conduziriam a relações óptimas entre produtores e compradores no mercado, incluindo o mercado global, e os preços seriam fixados a um nível adequado para permitir o maior volume de comércio, conduzindo ao maior crescimento económico. Esta teoria da não-intervenção do Estado nos assuntos do mercado, tal como a hipótese anterior, constitui a base dos acordos e políticas da OMC (por exemplo, o acordo sobre subsídios e medidas compensatórias).

Por outro lado, no entanto, foram considerados argumentos alternativos, como o argumento da indústria nascente, o argumento do grande impulso e a abordagem da estratégia de industrialização, que defendem um papel mais ativo e diretivo do Estado na promoção do crescimento económico de um país, incluindo através de uma política comercial gerida de forma mais inteligente, "influenciando a natureza e a ordem das exportações à medida que um país se esforça por produzir produtos mais avançados e de maior valor acrescentado" (Todaro e Smith 2011: 613). Esta abordagem contradiz os princípios teóricos fundamentais da OMC e argumenta que pode conduzir a maiores benefícios económicos para um país em desenvolvimento (ver Revisão da Literatura acima; Gerschenkron 1962).

Ao tentar determinar qual destas abordagens teóricas conduz a maiores benefícios económicos para um país que adira à OMC, o autor adoptará novamente uma posição oposta à da economia de mercado livre.

A teoria do comércio e a hipótese de que uma estratégia de desenvolvimento económico coordenada a nível central e centrada no aumento das exportações conduziria a maiores benefícios económicos, mesmo no contexto da OMC. Na segunda hipótese, a variável dependente permaneceria a mesma ("maiores benefícios económicos decorrentes da adesão à OMC"), enquanto a variável independente (X2) seria a "estratégia de industrialização coordenada a nível central". Por conseguinte, a segunda hipótese é formulada da seguinte forma:

"Se um país tiver uma estratégia de industrialização coordenada a nível central, obterá maiores benefícios económicos da adesão à OMC".

Ao formular esta hipótese, o autor considera que não é necessário estudar exclusivamente os países ricos em recursos, uma vez que a riqueza de recursos de um país não tem influência direta na relação causal entre a coordenação da política económica central e os benefícios económicos da adesão à OMC. Ao mesmo tempo, os resultados do teste desta hipótese também serão aplicáveis aos países ricos em recursos naturais e ajudarão a responder à questão de investigação desta tese.

A análise da segunda hipótese deverá contribuir para fazer avançar a literatura científica sobre a questão de saber se um país deve orientar ativamente ou permitir que o seu governo oriente a sua política económica para a industrialização, a fim de maximizar os benefícios económicos da adesão à OMC.

5.2.3. Pressuposto 3

Nas secções "Sobre as condições de partida desiguais entre o Norte e o Sul" e "Sobre as condições de partida desiguais na OMC", passámos em revista a literatura e os argumentos relevantes sobre a forma como o "atraso" dos países em desenvolvimento na adesão ao comércio mundial liberalizado e à OMC se revela contraproducente, e sobre o facto de os países atualmente desenvolvidos terem a vantagem de entrar no comércio mundial mais cedo do que a maioria dos outros países, ou de os actuais membros da OMC terem a vantagem de já serem membros da OMC, enquanto outros países em desenvolvimento estão apenas a passar pelo processo de adesão.

Estes argumentos teóricos estão, em certa medida, em contradição com a teoria neoclássica do comércio livre, uma vez que põem em causa os benefícios do comércio livre liberalizado para todos os países, pelo menos a curto e médio prazo. Em vez disso, os argumentos de "latência" sugerem perdas potenciais para os países em desenvolvimento no comércio livre com os países industrializados (ver Krugman 1981; Dutt 1988; Khor 2001). O mesmo se aplica ao quadro da OMC, uma vez que "também apresenta assimetrias e desequilíbrios em relação aos países em desenvolvimento e confronta os 'retardatários' com condições políticas mais rigorosas para a industrialização e o desenvolvimento" (Raghavan 2000).

Com a terceira hipótese, o autor tenta verificar estes argumentos. Também aqui, a variável dependente permaneceria a mesma ("maior benefício económico da adesão à OMC"), enquanto a variável independente (X3) seria "o ano/ano de adesão de um país à OMC". A terceira hipótese é, por conseguinte, a seguinte

"Quanto mais cedo um país aderir à OMC, maiores serão os benefícios económicos da sua adesão".

Também para esta hipótese, o autor considera que não é necessário estudar exclusivamente os países ricos em recursos, uma vez que a riqueza de recursos de um país não tem influência direta na relação causal entre o momento da adesão de um país à OMC e os benefícios económicos decorrentes dessa adesão. Ao mesmo tempo, os resultados da análise desta hipótese também se aplicarão aos países ricos em recursos naturais e ajudarão a responder à questão de investigação do presente documento.

A análise da terceira hipótese deverá aumentar o conhecimento sobre a medida em que o atraso dos países em desenvolvimento na adesão à OMC afecta a sua capacidade de beneficiar da adesão. Além disso, este conhecimento ajudará os países aderentes a adaptarem as suas políticas e o ritmo do seu processo de adesão, a fim de maximizarem os benefícios económicos da adesão à OMC.

Capítulo 6 Metodologia e seleção de casos

A fim de testar as hipóteses acima referidas, é necessário desenvolver uma metodologia adequada. A metodologia centrar-se-á principalmente na utilização de métodos quantitativos (estatísticas básicas) para efetuar as análises, mas também recorrerá a métodos qualitativos se os métodos quantitativos forem considerados insuficientes. Este capítulo sobre a metodologia define igualmente os tipos de abordagens e métodos quantitativos e qualitativos (comparativos, prospectivos vs. retrospectivos, conceção de sistemas mais semelhantes vs. mais diferentes, etc.), operacionaliza as variáveis das hipóteses, após o que devem ser identificados e analisados casos concretos.

6.1. Resumo da metodologia aplicada

A investigação utilizará métodos quantitativos e qualitativos. Os métodos quantitativos serão métodos estatísticos muito básicos. Uma vez operacionalizadas as três variáveis independentes (XI, X2 e X3) e a variável dependente (D), será necessário identificar os casos adequados (ou seja, as experiências nacionais). São seleccionados dois casos para cada hipótese. Cada par de casos é analisado separadamente, primeiro utilizando métodos de comparação estatística e depois, se necessário, utilizando métodos de comparação qualitativa.

A análise das hipóteses centra-se nas variáveis independentes (o grau de industrialização dos países, o grau de coordenação da política económica pelos governos centrais e o momento da adesão à OMC). Isto significa que a conceção deste estudo é prospetiva (e não retrospetiva), ou seja, a análise das variáveis independentes permite-nos determinar a sua influência na variável dependente (os benefícios económicos da adesão à OMC).

Naturalmente, os casos são cuidadosamente seleccionados com base nas considerações teóricas examinadas até este ponto do trabalho. Embora também sejam utilizados métodos estatísticos básicos, a importância de uma seleção cuidadosa dos casos com base na teoria torna-se clara quando a análise chega à fase de comparação qualitativa dos casos. Uma das razões para uma seleção cuidadosa dos casos é aumentar a validade interna do projeto de investigação. Isto significa que a análise deve explicar, tanto quanto possível, os factores que influenciam a relação de causa e efeito entre a variável independente e a variável dependente. Isto significa que os casos (ou experiências nacionais) que mostram real e claramente a influência (ou ausência) dos factores observáveis relevantes na variável dependente serão os mais úteis.

Para tal, a conceção do sistema deve ser tão semelhante quanto possível. Isto significa que, ao selecionar os casos nacionais, são escolhidos dois países tão semelhantes quanto possível, diferindo apenas no principal fator de interesse para o estudo, ou seja, a variável independente. Em função do impacto deste fator na variável dependente (benefícios económicos da adesão à OMC), é possível tirar conclusões adequadas.

6.2. Operacionalização e fontes de dados

6.2.1. Variável dependente Operacionalização e fonte de dados

Para que os métodos de análise quantitativos e qualitativos sejam específicos e possam referir-se ao mesmo conjunto de indicadores quando analisam diferentes casos ou diferentes variáveis independentes, é necessário identificar um indicador comum e bem reconhecido que seja também quantificável. Dado que a variável dependente nas hipóteses deste estudo é o "benefício económico da adesão à OMC", o autor considera que o melhor indicador para representar um aumento ou uma diminuição da prosperidade económica de um país é a taxa anual de crescimento ou de diminuição do produto interno bruto. Este indicador é amplamente utilizado e reconhecido, o seu método de cálculo é geralmente aceite e os dados estão facilmente disponíveis. Os dados utilizados para este estudo provêm principalmente da base de dados estatísticos em linha do Banco Mundial (http://data.worldbank.org).

O PIB é também um indicador muito abrangente, que combina muitos outros aspectos dos "benefícios económicos" ou do desenvolvimento económico num único indicador. Dado que são muitos os "benefícios" declarados da adesão à OMC, seria demasiado difícil analisá-los individualmente, mas todos eles se manifestam, em certa medida, nas taxas de crescimento do PIB a longo prazo (10-15 anos), enquanto outras medidas do impacto da adesão (volume de exportações, volume de IDE, etc.) dão apenas uma imagem incompleta (para outras formas de captar o impacto da adesão à OMC, ver Cattaneo e Primo Braga 2009: 9).

Outro ponto importante relativo à operacionalização da variável dependente é que os benefícios económicos de um determinado fator, acontecimento ou processo não podem ser medidos num determinado momento, ou seja, os efeitos de um acontecimento económico ou outro na economia de um país só são geralmente conhecidos e observáveis após um determinado período de tempo (alguns meses, mas geralmente vários anos). Isto é ainda mais verdadeiro no caso de um acontecimento a nível macro, como a adesão à OMC, cujos efeitos só serão visíveis após vários anos, quando as mudanças económicas e as medidas políticas implementadas no âmbito da adesão à OMC começarem a dar frutos. A questão do calendário é ainda mais complicada pelo facto de a data das reformas económicas efectivas que um país aderente se compromete a aplicar não coincidir necessariamente com a data da sua adesão formal. É apenas na altura das reformas efectivas que os processos económicos e as relações de mercado começam a mudar e a evoluir. O calendário destas reformas é, por conseguinte, importante para que os benefícios da adesão à OMC sejam efetivamente atribuídos. Por vezes, podem decorrer vários anos entre a adesão formal e as reformas económicas efectivas.

Por conseguinte, é necessário observar e comparar um período mais longo em cada um dos países que serão identificados como estudos de caso, ou seja, um período de, pelo menos, 8 a 10 anos antes da adesão à OMC e um período de, pelo menos, 8 a 10 anos após a adesão à OMC, a fim de fazer uma avaliação tão rigorosa quanto possível e identificar os benefícios económicos atribuíveis às reformas ligadas à adesão à OMC.

A média das taxas de crescimento do PIB em percentagem (%) para estes períodos deve ser calculada. A comparação das taxas de crescimento do PIB antes e depois da adesão à OMC deverá permitir determinar se o crescimento económico de um determinado país acelerou ou diminuiu após a adesão à OMC. Este método de operacionalização da variável dependente é utilizado para testar as três hipóteses do presente estudo.

Nalguns casos, quando adequado, são acrescentadas dimensões adicionais à variável dependente, ou seja, são introduzidos métodos adicionais para a operacionalizar. Outra solução consiste em introduzir variáveis intermédias. Por exemplo, os indicadores do valor acrescentado da indústria transformadora (VAB) para o período anterior e posterior à adesão à OMC podem ser comparados e analisados para os países em causa. Os dados relativos a este indicador podem também ser encontrados na base de dados em linha do Banco Mundial acima referida. O objetivo de acrescentar indicadores de operacionalização adicionais é proporcionar uma perspetiva mais específica ou ângulos adicionais sobre a influência de variáveis independentes nos benefícios económicos da adesão à OMC.

6.2.2. Operacionalização de variáveis independentes e fontes de dados

Para operacionalizar as variáveis independentes, devem ser utilizados indicadores quantitativos e definições qualitativas. Isto deve-se ao facto de nem sempre estarem disponíveis indicadores quantitativos claros. Em todos os casos, a operacionalização e as fontes de dados disponíveis devem ser examinadas separadamente para cada uma das variáveis independentes.

6.2.2.1 . Variável independente 1

A variável independente na primeira hipótese desenvolvida para este estudo é "o grau de industrialização de um país". É utilizado um método estatístico objetivo para operacionalizar esta variável,

ou seja, quantificável, deve ser determinado. Existem várias instituições que o fazem, mas há que ter em conta que o grau de industrialização deve ser avaliado para o ano em que o país aderiu à OMC. Esta é uma tarefa mais difícil, uma vez que a maioria dos nossos estudos de caso envolve países que aderiram à OMC há várias décadas ou, no máximo, há uma década (o que é necessário para garantir uma série temporal de, pelo menos, oito anos para a variável dependente, que foi discutida na secção anterior sobre a operacionalização da variável dependente e a fonte de dados). A fonte do indicador de industrialização deve, por conseguinte, recuar pelo menos 15-20 anos.

Após uma extensa pesquisa sobre as bases de dados estatísticas que registam o grau de industrialização dos países, o autor concluiu que o índice de Desempenho Industrial Competitivo (CIP) da Organização das Nações Unidas para o Desenvolvimento Industrial (ONUDI) é a medida mais abrangente e sofisticada do progresso dos países no sentido da industrialização. Os seus dados remontam a 1990, embora não estejam disponíveis para todos os países. A sua principal vantagem, no entanto, é a sua objetividade e precisão, uma vez que a ONUDI é uma organização internacional reconhecida, séria e imparcial especializada em questões de industrialização. Isto faz com que a metodologia em que o índice CIP se baseia seja fiável e digna de confiança.

A conceção do sistema mais semelhante para a hipótese 1 identificaria, por conseguinte, dois países ricos e/ou exportadores de petróleo cujos índices de PPC diferissem significativamente na altura da sua adesão à OMC. O facto de os dados da ONUDI só remontarem a 1990 limita a escolha dos países que podem ser tidos em conta na hipótese 1 aos que aderiram à OMC depois de 1990. No entanto, esta não é uma limitação importante, uma vez que o autor tencionava restringir o estudo aos últimos 20 anos, dado que outros dados (por exemplo, PIB, outras variáveis de intervenção, literatura secundária, etc.) não estão provavelmente disponíveis para os anos anteriores a 1990.

Os dois casos seleccionados devem também ser tão semelhantes quanto possível para todas as outras variáveis de controlo, ou seja, os outros factores susceptíveis de influenciar a variável dependente, isto é, as suas taxas de crescimento do PIB. Eis algumas das possíveis variáveis de controlo a ter em conta:

- Localização geográfica;
- estrutura económica (parte das vendas de recursos naturais no PIB) ;
- dimensão da economia ;
- Taxa de crescimento do PIB antes da adesão à OMC ;

- Estrutura política ;
- o empenhamento do governo na reforma e a aplicação efectiva dessas reformas;

Ano de adesão à OMC, etc.

Não é realista esperar que estas variáveis de controlo sejam completamente semelhantes em termos da sua influência nas taxas de crescimento do PIB dos países. Por conseguinte, a semelhança das que se presume terem um menor impacto nas taxas de crescimento do PIB pode ser sacrificada, o que não deve comprometer a validade interna do estudo. Estes factores serão analisados em mais pormenor nos outros capítulos do estudo.

6.2.2.2 Variáveis de intervenção para a variável independente 1

Ao examinar a Hipótese 1, o autor introduz e analisa igualmente variáveis de intervenção que também necessitam de ser operacionalizadas. Uma dessas variáveis é o valor acrescentado no sector da indústria transformadora, que pode ser operacionalizado pelo indicador Manufacturing Value Added (MVA) frequentemente utilizado pelo Banco Mundial. Este indicador é calculado pelo Banco Mundial numa base anual para a maioria dos países do mundo e é medido de diferentes formas, nomeadamente em percentagem do PIB e em termos absolutos, por exemplo em dólares americanos correntes. Estes dados podem também ser consultados na base de dados em linha do Banco Mundial (World Development Indicators).

Outra variável de intervenção utilizada no exame da Hipótese 1 é a dependência dos países das suas exportações de combustíveis minerais. Esta variável pode ser operacionalizada de uma forma simples, utilizando quer a percentagem das exportações de combustíveis minerais no PIB de um país, quer os valores absolutos das exportações de combustíveis minerais em dólares americanos correntes ou nas respectivas moedas nacionais dos países de interesse. Este tipo de dados está disponível em várias fontes, incluindo a base de dados Trade Map do Centro de Comércio Internacional, que colabora com a base de dados Comtrade das Nações Unidas.

6.2.2.3 Variável independente 2

A operacionalização da segunda variável independente terá de ser bastante subjectiva, ou seja, terá de se referir a uma definição qualitativa bem estabelecida de "estratégia de industrialização coordenada a nível central". É evidente que esta variável é difícil de quantificar. As diferentes classificações dos países em função da liberdade económica (The Heritage Foundation) ou da transformação económica (Transformation Index BTI) avaliam a evolução económica de um país a um nível mais vasto, ao passo que, para efeitos do presente estudo, o papel do governo deve ser definido especificamente no que se refere à gestão da política económica. Por este motivo, o autor decidiu selecionar dois países que se destacam em termos de intervenção do Estado na gestão da política comercial, com base num juízo qualitativo.

A definição específica de uma "estratégia de industrialização coordenada centralmente" é retirada de um capítulo anterior deste estudo de ponta, ou seja, envolve "*um papel ativo do governo em influenciar o tipo e a ordem das exportações* à medida que um país se esforça por produzir produtos mais avançados e de maior valor acrescentado" (Todaro e Smith 2011: 613).

A atitude do governo é avaliada para os anos anteriores e posteriores à adesão à OMC, e esta atitude deve manter-se constante ao longo de todo o período para que esta variável independente possa ser corretamente operacionalizada.

O projeto de sistema mais semelhante para a Hipótese 2 identificaria, portanto, dois países em desenvolvimento cujos governos intervêm de forma diferente na sua política comercial. Um governo deveria ser muito ativo na gestão da política comercial e das reformas do país, enquanto o governo do outro país deveria adotar uma abordagem de laissez-faire e deixar que as forças de mercado tomassem conta do que é produzido e comercializado no país.

Tal como na Hipótese 1, os dois casos devem ser seleccionados de modo a que todas ou a maior parte das outras variáveis de controlo sejam tão semelhantes quanto possível nos dois países. Estas variáveis de controlo seriam as mesmas para a Hipótese 2 e para a Hipótese 1, com a adição de mais um fator - o grau de industrialização dos países (que tinha de ser diferente para os dois casos identificados para a Hipótese 1).

6.2.2.4 . Variável independente 3

Para a Hipótese 3, pode parecer bastante simples operacionalizar a variável independente "ano de adesão de um país à OMC". O ano em que um membro da OMC aderiu à OMC ou assinou o acordo do GATT está disponível no sítio Web da OMC (2015c).

Há, no entanto, uma ressalva importante. Muitas vezes, o ano em que um país adere formalmente à

OMC não coincide com as reformas económicas e/ou legislativas que o país implementa no âmbito da sua adesão à OMC. Em alguns casos, as reformas podem ter sido implementadas vários anos antes da adesão formal, uma vez que o país envidou esforços iniciais para alinhar o seu sistema económico e jurídico pelas regras e requisitos da OMC. Noutros casos, em especial no que se refere aos países menos desenvolvidos, um país em vias de adesão pode beneficiar de um período de transição que lhe permita aplicar muitas reformas apenas dentro de alguns anos, podendo a adesão à OMC propriamente dita ter lugar antes de estas reformas estarem concluídas. Assim, se 35

Se possível, o autor tentará identificar o ano em que a maior parte das reformas ligadas à adesão do país à OMC foram efetivamente aplicadas.

A distinção entre os dois casos seleccionados para testar a hipótese 3 pode ser feita garantindo um intervalo de tempo suficiente entre os anos de adesão dos dois países em desenvolvimento seleccionados. Seria conveniente que este intervalo se situasse entre 10 e 15 anos. Se o intervalo for menor, a diferenciação entre as variáveis independentes dos dois casos pode não ser tão clara. Se o intervalo for superior a 15 anos, existe o risco de não existirem (ou serem insuficientes) dados disponíveis para o país que aderiu à OMC ou assinou o acordo do GATT mais cedo (ou seja, antes de 1990). Se este problema de dados for resolvido, o atraso poderá ser ainda maior.

Mais uma vez, de acordo com o conceito dos sistemas mais semelhantes, outras variáveis independentes que têm impacto nas taxas de crescimento do PIB dos dois países, conhecidas como variáveis de controlo, devem ser tão semelhantes quanto possível. Idealmente, a única variável independente que difere é o ano de adesão.

Uma destas variáveis de controlo é o contexto económico histórico dos países em estudo. Este fator deve ser estável em torno dos anos de adesão dos dois países seleccionados. Isto significa que nenhum dos países deve sofrer choques políticos ou económicos importantes durante os períodos a analisar, ou seja, 10-15 anos antes da adesão e 10-15 anos após a adesão. Choques como as crises financeiras ou económicas têm frequentemente um impacto considerável na evolução do crescimento de um país, ao passo que o nosso objetivo é examinar a influência do ano de adesão à OMC enquanto tal na evolução do crescimento dos dois países seleccionados.

6.3. Seleção de casos reais (país)

6.3.1. Seleção de dois casos para a hipótese 1

A escolha dos dois casos para testar a primeira hipótese deve ser feita de forma a que todas as condições

- ou pelo menos as mais críticas - apresentadas na secção anterior sobre a operacionalização das variáveis independentes relevantes (X1) sejam satisfeitas. Embora a variável de interesse para a nossa investigação (o grau de industrialização de um país) deva ser diferente para os dois casos, as outras variáveis de controlo devem ser tão semelhantes quanto possível:

- Localização geográfica;
- ano de adesão à OMC ;
- estrutura económica (parte das vendas de recursos naturais no PIB) ;
- dimensão da economia ;
- Taxa de crescimento do PIB antes da adesão à OMC ;

- Estrutura política ;
- o grau de empenhamento do país/governo na reforma e a aplicação efectiva dessas reformas.

Após uma análise cuidadosa de diferentes regiões e países, o autor do estudo concluiu que a região do Médio Oriente oferecia uma boa escolha de países localizados na mesma região, com sistemas políticos e estruturas económicas semelhantes e fortemente dependentes da exportação de recursos naturais. Entre os países do Médio Oriente, a Arábia Saudita e Omã formam um par de países com níveis de industrialização muito diferentes, apesar de terem aderido à OMC mais ou menos na mesma altura (2000 para Omã e 2005 para a Arábia Saudita).

A dimensão das economias varia por um fator de nove: o PIB da Arábia Saudita foi de 748 mil milhões de dólares em 2013, o de Omã de 80 mil milhões de dólares (base de dados online do Banco Mundial, http://data.worldbank.org/country?display=graph, acedido em janeiro de 2015). No entanto, este fator não é considerado tão decisivo na análise da variável independente.

Na altura da sua adesão à OMC (em 2005 e 2000, respetivamente), os índices do IPC da ONUDI para estes dois países eram 0,09 para a Arábia Saudita e 0,02 para Omã (ONUDI 2015). O índice PPC da Arábia Saudita é aproximadamente o mesmo nível de países como a Rússia e a Argentina. Cerca de 50 países situam-se entre Omã e a Arábia Saudita, enquanto o número total de países na lista do índice CIP é ligeiramente superior a 100. Quase todos os outros países do Médio Oriente se situam entre Omã e a Arábia Saudita na classificação, pelo que os dois países estão quase tão afastados quanto possível em termos da variável independente a estudar (o nível do seu desempenho industrial competitivo).

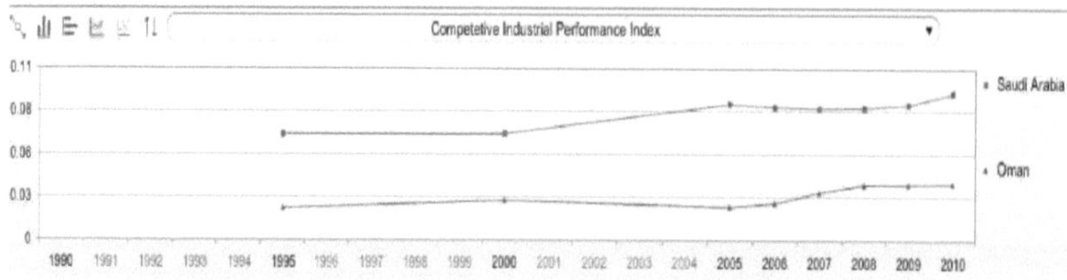

Figura 5: Índices PPP da ONUDI para Omã e Arábia Saudita de 1990 a 2010.

Fonte: Índice de Desempenho Industrial Competitivo da ONUDI, 2015.

A dependência destas duas economias em relação aos recursos de hidrocarbonetos (principalmente petróleo) é muito semelhante à da outra. As exportações de combustíveis minerais, óleos e produtos de destilação da Arábia Saudita representam 89% das suas exportações totais. 36das suas exportações totais no ano da sua adesão à OMC (2005). Em 2000, ano em que aderiu à OMC, as exportações dos mesmos tipos de produtos representavam 80% do total das exportações de Omã (International Trade Centre 2015).

Quadro 1: Exportações de recursos naturais de Omã e da Arábia Saudita aquando da adesão à OMC.

Exportações no ano de adesão à OMC	Omã (2001*, milhares de dólares americanos)	Arábia Saudita (2005, milhares de dólares americanos)
Todos os produtos	11 036 616	180 737 249
Combustíveis minerais, óleos, produtos de destilação, etc.	8 883 366	161 718 621
Percentagem das matérias-primas minerais no total das exportações	80%	89%

* Dados não disponíveis para 2000
Fonte: TradeMap, análise e investigação de mercado, Centro de Comércio Internacional (CCI), 2015

Ambos os países registaram taxas de crescimento consistentes ao longo dos dez anos anteriores à adesão, sendo a taxa média de crescimento anual de Omã de 4,21% e a taxa média de crescimento anual da Arábia Saudita de 3,45%. As taxas de crescimento do PIB semelhantes dos dois países são outra variável de controlo que qualifica estes casos para a seleção de acordo com a conceção de pesquisa dos sistemas mais semelhantes.

6.3.2. Seleção de dois casos para a hipótese 2

Tal como na hipótese 1, ao selecionar os dois casos para testar a segunda hipótese, é necessário garantir que todas as condições - ou pelo menos as mais críticas - apresentadas na secção anterior sobre a operacionalização das variáveis independentes relevantes (X2) são cumpridas. Enquanto a variável de interesse da investigação (o nível de coordenação central da política económica/comercial pelo governo) deve ser diferente para os dois casos, as outras variáveis de controlo, que devem ser tão semelhantes quanto possível, são as seguintes

- Localização geográfica;
- ano de adesão à OMC ;
- estrutura económica (parte das vendas de recursos naturais no PIB) ;
- dimensão da economia ;
- Taxa de crescimento do PIB antes da adesão à OMC ;
- o grau de industrialização da economia.

A seleção de estudos de caso para a segunda hipótese deu origem a diferentes abordagens. O principal desafio reside na subjetividade da escolha de países cujos governos ou implementam ativamente estratégias de desenvolvimento económico ou permitem que a economia se desenvolva de acordo com o princípio do laissez-faire. O segundo desafio enfrentado por este estudo foi o alinhamento dos países com o ano em que aderiram à OMC. Verificou-se frequentemente que países que pareciam corresponder às definições utilizadas para a operacionalização tinham anos de adesão muito diferentes, o que distorcia o contexto económico global/regional dos países em causa. Um terceiro desafio consistiu em identificar dois países situados na mesma região, ou mesmo no mesmo continente. Frequentemente, os países da mesma região têm sistemas de governação económica semelhantes, ao passo que, para este estudo, o autor procurou dois países com variáveis independentes (ou seja, estilos de governação económica) marcadamente diferentes.

As diferentes opções, ou seja, pares de países, que o autor considerou para testar esta hipótese foram: um país da Ásia Oriental contra um país da América Latina, um país laissez-faire da antiga União Soviética contra um país em desenvolvimento da antiga União Soviética, Coreia do Sul contra Hong Kong, Costa Rica contra México. No entanto, optou-se por comparar dois países africanos, nomeadamente tendo em conta a experiência dos países da África Ocidental com os programas de ajustamento estrutural nos anos 80-90, que podem constituir um bom exemplo de uma economia laissez-faire. Por esta razão, o Gana foi escolhido como país representativo deste estilo de gestão económica, enquanto o Botsuana foi escolhido como país onde o Estado prossegue uma política económica, de industrialização ou comercial virada para o exterior.

É necessário fazer uma restrição prévia, ou seja, não foi possível responder a todos os desafios acima referidos. No caso do Gana e do Botsuana, os dois países não assinaram o acordo do GATT mais ou menos na mesma altura. O Gana assinou em 1957, enquanto o Botsuana assinou em 1987, 30 anos mais tarde. O impacto real deste enorme desfasamento temporal nas políticas económicas dos dois países não deve, no entanto, ser confundido. Contrariamente à era da OMC, a assinatura do acordo do GATT não estava associada à obrigação de realizar reformas económicas profundas. Por conseguinte, a política económica do Gana e a estrutura da economia no seu conjunto não sofreram alterações significativas entre 1957 e 1984, altura em que o país iniciou os programas de ajustamento estrutural iniciados pelo Banco Mundial e pelo FMI (Ghana Web).

As verdadeiras reformas neoliberais defendidas pela OMC foram lançadas no Gana em 1984, com a aplicação do programa de ajustamento estrutural (PAE) acima referido. O impacto do PAE na economia do Gana foi, por conseguinte, praticamente idêntico ao que a adesão à OMC teria atualmente num país em desenvolvimento. Por conseguinte, se o PAE do Gana for descrito como a adesão à OMC, é possível efetuar um estudo comparativo do Gana e do Botsuana com coerência metodológica. Para interpretar os resultados, bastaria ter em conta esta condição.

O autor considera que os outros dois desafios acima mencionados (identificar os países que correspondem à definição para a operacionalização e encontrar dois países da mesma região) foram resolvidos de forma satisfatória. Os países são claramente do mesmo continente, mesmo que não estejam muito próximos um do outro. Têm uma história política semelhante, tendo sido colónias do Reino Unido, o que também significa que os seus sistemas de direitos de propriedade e de Estado de direito herdados do período colonial eram semelhantes no momento da sua independência (ver Acemoglu e Robinson 1999 sobre a importância do regime colonial anterior à independência para a adoção de instituições de direitos de propriedade e de Estado de direito após a independência).

Ambos os países eram muito pobres no início da sua independência (década de 1960), mas dispunham de reservas suficientes de recursos naturais para promover o seu desenvolvimento. O Botsuana descobriu importantes jazidas de diamantes em 1967 (Capital Resources, Botswana Country Overview, 2013/14: 7), enquanto o Gana possui minerais industriais, hidrocarbonetos e metais preciosos e é considerado moderadamente rico em recursos naturais. Em 1960, o rendimento per capita do Gana, de cerca de 500 dólares, era comparável ao da Coreia do Sul ou do México (ver Benneh 1998: 1).

Em conformidade com o plano de investigação do presente estudo, os dois países diferem no que respeita à segunda variável independente, a estratégia de industrialização coordenada a nível central. A sua gestão da política económica durante os anos estudados (1984-2000) foi muito diferente. O programa PEA, criado no Gana com o apoio do Banco Mundial e do Fundo Monetário Internacional, introduziu alterações políticas como a aplicação dos princípios da economia de mercado, a abolição do controlo dos preços, a privatização das indústrias estatais, a liberalização da taxa de câmbio, etc. Este processo foi acompanhado de despedimentos no sector público e da introdução de um novo sistema de segurança social. Este processo foi acompanhado de despedimentos de funcionários públicos, de um aumento do custo da educação para os estudantes e de um aumento do custo dos cuidados de saúde para os doentes (GhanaWeb).

A situação política estável do Botswana durante os anos de independência permitiu ao país prosseguir uma política de desenvolvimento económico favorável ao crescimento. Para além da gestão do país num ambiente político estável, o papel do governo em termos de política económica também foi decisivo. Os Planos Nacionais de Desenvolvimento (PND) do Botsuana sempre foram o principal documento que define as prioridades e o quadro da política económica do país. Têm uma duração de seis anos e são utilizados desde a independência. O atual PDN é o décimo na história do Botswana. Estes documentos ajudam o governo a planear o desenvolvimento económico e a implementar projectos de desenvolvimento específicos. Para além dos ministérios e instituições tradicionais do Estado, o país tem também o Conselho Consultivo Económico do Botsuana (BEAC), um órgão de alto nível composto por peritos nacionais e estrangeiros que fornece orientações para as estratégias de desenvolvimento económico. O BEAC produziu a Estratégia de Excelência do Botsuana, uma visão geral de alto nível das prioridades e estratégias de desenvolvimento baseadas no objetivo da diversificação (Capital Resources, Botswana Country Overview, 2013/14:30).

Tudo isto qualifica o Botsuana como um país onde o governo coordena centralmente a política industrial, o que faz deste país, juntamente com o Gana, um dos dois casos a serem testados para a hipótese 2.

6.3.3. Seleção de dois casos para a hipótese 3

Ao identificar os dois casos para a análise da terceira hipótese, segundo a qual quanto mais cedo um país adere à OMC, mais benefícios económicos retira da sua adesão, devem ser tidas em conta as observações e restrições feitas na secção anterior relativamente à operacionalização da terceira variável independente (determinar o ano em que ocorreu a maioria das reformas relacionadas com a OMC, garantir um intervalo de tempo de cerca de 15 anos, manter outras variáveis de controlo, etc.).

Uma das variáveis de controlo mencionadas na secção anterior é o contexto histórico-económico, ou seja, os países do nosso caso não devem ter sofrido grandes convulsões políticas ou económicas no período anterior ou posterior à adesão. Neste sentido, devemos excluir as antigas repúblicas soviéticas

- ou mesmo os países do antigo bloco socialista - da nossa análise da Hipótese 3. O colapso da URSS e do bloco socialista teve um impacto considerável no crescimento económico destes países, a maioria dos quais iniciou o processo de adesão à OMC mais ou menos na mesma altura (ver Quadro 2). Os países da Europa de Leste, que tinham aderido ao GATT desde os anos 50 ou 60, só aplicaram efetivamente as disposições do acordo do GATT no final dos anos 80 ou no início dos anos 90 (Cattaneo e Primo Braga 2009: 9-12). Todos estes factores distorcem a comparação quantitativa de um destes países com outro que aderiu à OMC mais de 15 anos antes ou cerca de 10-15 anos depois, ou seja, na década de 2000. Isto significa que a escolha tem de ser feita entre alguns outros países.

Quadro 2: Situação dos países da CEI aquando da sua adesão à OMC

CountryApplicationMembership		
Arménia	novembro de 1993	fevereiro de 2003
Azerbaijão	julho de 1997	Negociações em curso
Bielorrússia	setembro de 1993	Negociações em curso
Geórgia	julho de 1996	2000
Cazaquistão	janeiro de 1996	Negociações em curso
Quirguizistão	fevereiro de 1996	dezembro de 1998
Moldávia	novembro de 1993	2001
Rússia	junho de 1993	agosto de 2012
Tajiquistão	maio de 2001	2013
Turquemenistão		
Ucrânia	novembro de 1993	maio de 2008
Uzbequistão	dezembro de 1994	Negociações em curso

Fonte: sítio Web da OMC

A análise de outros países geograficamente próximos coloca desafios semelhantes. A maioria dos países da Ásia Oriental aderiu ao GATT bastante cedo e os anos de adesão não são muito distantes uns dos outros. O autor chegou à conclusão de que, também neste caso, um par de países do Médio Oriente seria uma boa escolha. Apesar de estruturas económicas e histórias políticas e económicas semelhantes, estes países têm anos de adesão à OMC diferentes. O Kuwait, por exemplo, assinou o acordo do GATT em 1963, enquanto o Iémen só aderiu à OMC em junho de 2014 (sítio Web da OMC, acesso em janeiro de 2015). No entanto, a escolha de dois países tão distantes no tempo colocaria um problema de contexto histórico, ou seja, o contexto político e económico muda demasiado durante um período tão longo, ao passo que, no caso do Iémen, não há séries cronológicas disponíveis para o período após a adesão.

Por conseguinte, o Barém e a Arábia Saudita foram escolhidos para serem analisados no âmbito da verificação da hipótese 3. Estes países aderiram ao GATT com 12 anos de diferença. O Barém aderiu ao GATT em 1993, enquanto a Arábia Saudita aderiu à OMC em 2005. Por conseguinte, a diferença entre as variáveis independentes (ano de adesão à OMC) para os dois países é suficientemente grande. Além disso, o Barém aderiu ao abrigo do acordo do GATT, que tem um processo muito mais simples, enquanto a Arábia Saudita teve de passar por um processo de adesão rigoroso, incluindo negociações difíceis com os países membros. Este facto reforça o contraste temporal que é o foco da análise nesta hipótese.

Quase todas as variáveis de controlo para estes países são idênticas. Ambos se situam na mesma região geográfica e têm estruturas económicas semelhantes baseadas nos recursos naturais. O seu sistema político também é o mesmo, nomeadamente uma monarquia.

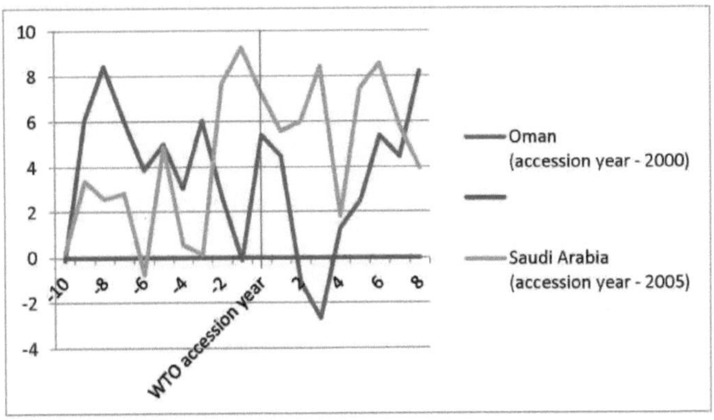

A dimensão das economias difere em mais de 20 vezes: o PIB da Arábia Saudita foi de 748 mil milhões de dólares em 2013, o de Omã de 33 mil milhões de dólares (The World Bank 2015). No entanto, assume-se que este fator não é tão decisivo na análise da variável independente.

Ambos os países registaram taxas de crescimento constantes na década anterior à adesão, com uma taxa média de crescimento anual de 5,53% no Barém e de 3,45% na Arábia Saudita. As taxas de crescimento do PIB semelhantes dos dois países são outra variável de controlo que qualifica estes casos para seleção de acordo com a conceção de pesquisa dos sistemas mais semelhantes.

6.4. Análise de casos actuais - Teste de hipóteses

6.4.1. Verificação da hipótese 1

6.4.1.1 Análise estatística comparativa

Para testar a hipótese de que quanto mais industrializado é um país, maiores são os benefícios económicos que retira da adesão à OMC, é necessário comparar os indicadores estatísticos dos dois países, com base nos casos escolhidos, nomeadamente Omã e Arábia Saudita. Em particular, é necessário analisar a dinâmica das variáveis dependentes dos dois países, ou seja, a evolução das taxas de crescimento do PIB após a adesão à OMC. Para o efeito, o autor elaborou o gráfico seguinte com base nas estatísticas históricas do Banco Mundial sobre as taxas de crescimento anual do PIB destes países.

Figura 6: Taxas de crescimento anual do PIB em Omã e na Arábia Saudita antes e depois da OMC

Participação.

Fonte: Indicadores de Desenvolvimento Mundial do Banco Mundial, 2015 42

O gráfico mostra que as taxas de crescimento de Omã foram geralmente mais elevadas nos dez anos anteriores ao ano da adesão (linha vertical vermelha). No entanto, a tendência altera-se no período após a adesão, que já é bastante significativo. A quantificação das taxas anuais de crescimento do PIB dos dois países, calculando as suas taxas médias de crescimento do PIB antes e depois da adesão à OMC, dará uma imagem ainda mais clara. Isto permitirá acompanhar as alterações relativas das taxas de crescimento (negativas ou positivas) após a adesão, e mesmo determinar a escala dessas alterações (pela diferença entre duas percentagens médias).

Quadro 3: Taxas médias de crescimento em Omã e na Arábia Saudita antes e depois da sua adesão à OMC.

Taxa média de crescimento do PIB (%)	Adesão à OMC		Variação da taxa do PIB
	10 anos antes	8 anos depois	
Omã	4,21	3,49	-0,72
Arábia Saudita	3,45	6,86	+3,41

Fonte: Indicadores de Desenvolvimento Mundial do Banco Mundial, 2015

Como mostram a Figura 6 e o Quadro 3, a adesão à OMC afectou as taxas de crescimento de ambos os países, ou seja, a variável dependente, de formas diferentes, embora muitas das variáveis de controlo independentes sejam semelhantes. A taxa média de crescimento do PIB de Omã, que tinha um nível de industrialização mais baixo aquando da sua adesão à OMC, caiu de 4,21% antes da adesão para 3,49% nos oito anos seguintes. Isto representa uma tendência negativa de -0,72%.

Ao mesmo tempo, a Arábia Saudita, que tinha um índice de desempenho industrial mais elevado, registou uma tendência muito mais positiva. A sua taxa média de crescimento do PIB duplicou, passando de 3,45% na década anterior à adesão à OMC para 6,86% no período pós-adesão, o que representa um aumento significativo de 3,41%.

No que diz respeito à possibilidade de factores externos importantes poderem ter influenciado os cálculos, é de notar que a crise global de 2008-2009 afectou provavelmente os dois países de forma semelhante, ou seja, para ambos os países, os anos de crise coincidiram com o período após a adesão à OMC. Isto significa que, mantendo-se todos os outros factores iguais, a crise deveria ter tido um impacto semelhante na evolução das taxas de crescimento do PIB nos dois países. Por conseguinte, a alteração das diferentes taxas de crescimento do PIB após a adesão não pode ser associada à crise mundial.

A única variável-chave que era diferente para os dois países no modelo de investigação (para além da dimensão das economias que mencionámos acima) era o nível de desempenho industrial dos dois países, que teria tido um impacto nas diferenças das suas taxas de crescimento do PIB, como ficou claramente demonstrado estatisticamente.

A comparação estatística global é resumida no quadro seguinte:

Quadro 4: Análise estatística comparativa da situação inicial em Omã e na Arábia Saudita
Condições antes da adesão à OMC e desempenho do PIB após a adesão à OMC.

Variáveis	Omã	Arábia Saudita
Variável independente :		
Índice PVP da ONUDI	0.02	0.09
Variáveis de controlo		
Ano de adesão à OMC	2000	2005
Dependência dos recursos naturais (percentagem das exportações de recursos naturais nas exportações totais no ano da adesão)	80%	89%
Dimensão da economia (PIB em 2013, USD)	80 mil milhões de euros	748 mil milhões de euros
Área geográfica	Médio Oriente	Médio Oriente

Taxa média de crescimento do PIB antes da adesão à OMC (10 anos)	4.21%	3.49%
Variável dependente		
Variação da taxa média de crescimento do PIB antes e depois da adesão à OMC	-0.72%	3.41%

Fonte: secções anteriores do presente relatório.

Embora o método estatístico utilizado para testar a relação causal ou correlativa entre o grau de industrialização dos dois países no momento da adesão à OMC e o seu desempenho em termos de PIB após a adesão tenha dado uma primeira resposta positiva à hipótese 1, esta relação deve ser analisada mais aprofundadamente, procurando variáveis intervenientes que permitam esclarecer melhor se a relação é efetivamente causal ou apenas correlativa, através de uma outra variável independente que influencie tanto a variável independente como a variável dependente da hipótese 1. A procura de uma variável interveniente permitirá assim explorar os mecanismos exactos desta relação. Esta será a etapa seguinte do teste da hipótese 1.

6.4.1.2 Pesquisa de variáveis de intervenção: Valor acrescentado na indústria transformadora

Saber se e como o grau de industrialização de um país se traduz num crescimento económico mais rápido ou num desenvolvimento económico mais eficaz após a sua adesão à OMC é a questão a que a procura de variáveis intervenientes na hipótese 1 deve permitir responder. Nesta secção, tentaremos identificar a variável ou as variáveis intervenientes que ligam a variável independente 1 (X1) à variável dependente (D), ou seja, o grau de industrialização de um país e os benefícios económicos que este retira da adesão à OMC.

Dado que a abordagem adoptada neste trabalho é prospetiva, ou seja, parte da variável independente e avança para a variável dependente, o autor parte da variável independente (XI ou grau de industrialização de um país) para encontrar variáveis intervenientes e examina os efeitos imediatos que a variável independente pode ter tido, sob a influência da adesão à OMC, sobre outros factores (1-1.1; 1-1.2; etc.) que poderiam depois transmitir o seu efeito à variável dependente (D ou benefícios económicos).

O primeiro passo para avaliar esta relação é determinar se o grau de industrialização da Arábia Saudita ou de Omã, tal como medido pelo Índice de Desempenho Industrial Competitivo da ONUDI acima referido, influenciou o crescimento do valor acrescentado da indústria transformadora (VAB) nos dois países nos anos que se seguiram à sua adesão à OMC, ou se a percentagem de VAB se manteve mais ou menos igual.

Se o índice KVP da Arábia Saudita for mais elevado aquando da sua adesão à OMC, ou seja, se o país estiver mais industrializado, a economia de mercado do país deverá logicamente crescer mais rapidamente nos anos seguintes, nomeadamente devido ao impacto da maior liberalização da indústria e do comércio resultante da OMC. Com um acesso mais fácil aos mercados de exportação internacionais e melhores condições para atrair o investimento estrangeiro proporcionados pela OMC, a Arábia Saudita deveria ter conseguido aumentar a percentagem da indústria transformadora nas suas exportações mais do que Omã, graças, nomeadamente, a uma percentagem mais elevada de VMA no PIB.

Esta linha de pensamento é também apoiada por um estudo realizado em 2005 por S. M. Shafaeddin, economista sénior em Macroeconomia e Política de Desenvolvimento na CNUCED. No seu documento intitulado "Trade Liberalization and Economic Reform in Developing Countries: Structural Change or De-Industrialization" (Mudança estrutural ou desindustrialização), Shafaeddin partilha os resultados das suas observações estatísticas num grande número de países em desenvolvimento durante e após as suas reformas de liberalização do comércio e conclui que "na maioria destes países, a liberalização do comércio levou a um desenvolvimento e reorientação do sector industrial de acordo com as *vantagens comparativas estáticas*, com exceção das indústrias que estavam *perto da maturidade*" (Shafaeddin 2005: 1, transposto em letra cursiva pelo autor deste trabalho).

A Arábia Saudita, com um índice PIC da ONUDI de 0,9, pode ser considerada um país cujo sector transformador está "quase maduro" e que, por conseguinte, deveria ter sofrido uma mudança estrutural no sentido de uma maior industrialização, ou seja, adquirido uma *vantagem comparativa dinâmica*, na sequência da implementação da liberalização do comércio liderada pela OMC. De acordo com a observação de Shafaeddin, Omã, com um índice PIC da ONUDI de 0,2, ou seja, com um sector transformador *ainda imaturo*, deveria ter prosseguido o seu desenvolvimento industrial "de acordo com a vantagem comparativa estática" (ibid.) após a sua adesão à OMC e as reformas que acompanharam a liberalização do comércio.

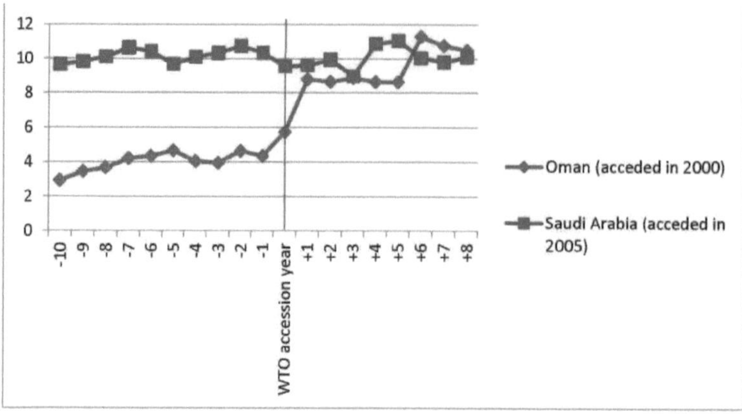

A validade da lógica acima descrita pode ser verificada comparando estatisticamente as taxas de crescimento do VMA dos dois países, ou seja, a percentagem do VMA no PIB, antes e depois da sua adesão à OMC:

Figure 7. Valor acrescentado no sector transformador em Omã e na Arábia Saudita (% do PIB)

Fonte: Indicadores de Desenvolvimento Mundial do Banco Mundial, 2015

Olhando para o gráfico acima, que mede a AMF da Arábia Saudita e de Omã em percentagem do PIB, pode ficar-se com a impressão de que a relação entre o grau de industrialização (IV1) dos países na altura da sua adesão à OMC e o crescimento subsequente da sua AMF é inversa. Na figura 7, a percentagem do VMA no PIB da Arábia Saudita, que tem um grau de industrialização mais elevado, mantém-se ao mesmo nível durante todo o período (1995-2013), ou seja, em cerca de 10%. Em 2008-2009, aumentou apenas ligeiramente para cerca de 11%. Em Omã, por outro lado, a percentagem de MPE no PIB começou a aumentar em 1999, um ano antes de o país aderir à OMC, e continuou a crescer de forma constante até atingir 10% em 2006.

No entanto, se olharmos para os valores absolutos do IVA para estes dois países, medidos quer nas moedas nacionais destes países quer em dólares americanos, torna-se claro que os valores do IVA expressos em percentagem do PIB são enganadores. Este facto está ligado a um fator externo, uma outra variável interveniente, como se poderia chamar, que influencia a base total do PIB. Embora esta variável interveniente (I-1.2) seja discutida mais adiante nesta secção, a Figura 8 mostra os valores do IVA para a Arábia Saudita e Omã para o período antes e depois da adesão à OMC:

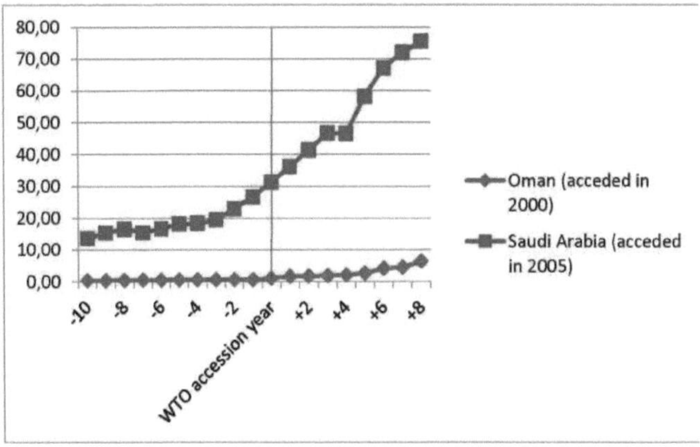

Figure 8. Valor acrescentado no sector da indústria transformadora em Omã e na Arábia Saudita (em dólares correntes, milhares de milhões)

Fonte: Indicadores de Desenvolvimento Mundial do Banco Mundial, 2015

As tendências de crescimento do VMA por valor neste gráfico são completamente diferentes e mostram que o VMA da Arábia Saudita cresceu consideravelmente alguns anos antes do ano de adesão e acelerou rapidamente nos anos após a adesão. Especificamente, o VMA da Arábia Saudita em dólares americanos correntes aumentou de 13,7 mil milhões de USD em 1995 para 75,5 mil milhões de USD em 2013 (World Bank World Development Indicators 2015), um aumento de 5,5 vezes, tendo a maior parte deste crescimento ocorrido após a adesão à OMC. Entretanto, as MWS de Omã também cresceram consideravelmente, aumentando 18 vezes, de 350 milhões de USD em 1990 para 6,4 mil milhões de USD em 2008, embora partindo de uma base muito baixa.

A diferença entre os valores dos indicadores MWS da Arábia Saudita e de Omã era de 13,35 mil milhões de dólares (representados por "-10" no gráfico acima) dez anos antes da respectiva adesão à OMC, depois de 30,24 mil milhões de dólares durante os anos de adesão à OMC (altura da linha vertical vermelha) e de 69,15 mil milhões de dólares oito anos após a adesão à OMC. A diferença de IVA em termos de valor entre os dois países aumentou, portanto, num fator de 5,2.

É evidente que o fator-chave para este salto no crescimento da MMS da Arábia Saudita em relação a Omã é o nível mais elevado de industrialização alcançado pelo país nos anos anteriores à sua adesão à OMC. Foi graças a este grau de industrialização que a MMS da Arábia Saudita pôde registar um crescimento ainda mais forte após a sua adesão à OMC em 2005. De acordo com Shafaeddin (2005), a indústria transformadora da Arábia Saudita já se encontrava numa fase "quase madura" no ano da adesão, ou seja, quando o país lançou as suas reformas de liberalização do comércio, o que permitiu à economia saudita obter uma "vantagem comparativa dinâmica" e desenvolver ainda mais o seu sector transformador. Este facto permitiu à Arábia Saudita 48em certa medida, ultrapassar o risco de ficar presa à sua "vantagem comparativa estática", que consiste principalmente nas exportações de petróleo bruto.

6.4.1.3 Pesquisa de variáveis de intervenção: Exportações de combustíveis minerais

Mas porque é que os valores do VMA expressos em percentagem do PIB na Figura 7 eram tão enganadores? Qual foi o fator externo que distorceu estes valores ao ter um impacto tão grande no valor do PIB na Arábia Saudita e em Omã durante os períodos estudados? Para responder a esta pergunta, temos de analisar a estrutura do PIB nestes países e a sua evolução ao longo do período estudado. Mais especificamente, temos de analisar a percentagem das exportações destes países na estrutura do seu PIB.

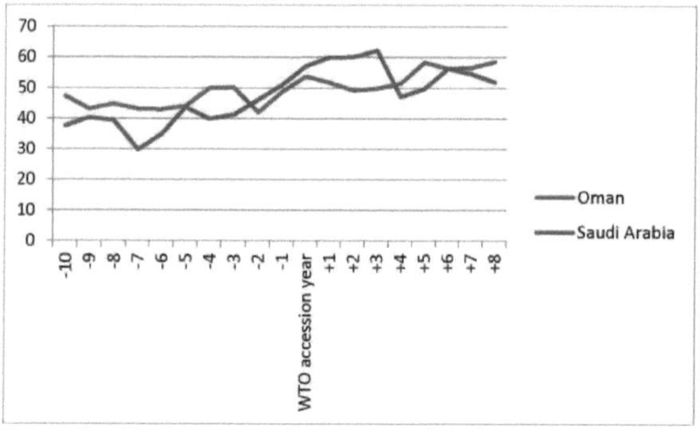

Figure 9. Percentagem das exportações de Omã e da Arábia Saudita no seu PIB.
Fonte: Indicadores de Desenvolvimento Mundial do Banco Mundial, 2015

Mesmo na ausência de números específicos, é evidente que a parte das exportações destes dois países no PIB tem vindo a aumentar de forma constante. Este facto sugere que pode haver um bem ou serviço na composição da estrutura de exportação destes países que tenha influenciado o nível mais elevado de exportações e a percentagem mais elevada de exportações no PIB durante o período estudado.

O quadro 1 mostra que tanto as exportações de Omã como as da Arábia Saudita dependem fortemente dos combustíveis minerais. No ano da adesão, a percentagem das exportações de combustíveis minerais no total das exportações era de 80% para Omã (adesão em 2000) e de 89% para a Arábia Saudita (adesão em 2005). Por conseguinte, é natural analisar as exportações de combustíveis minerais dos dois países durante o período em análise.

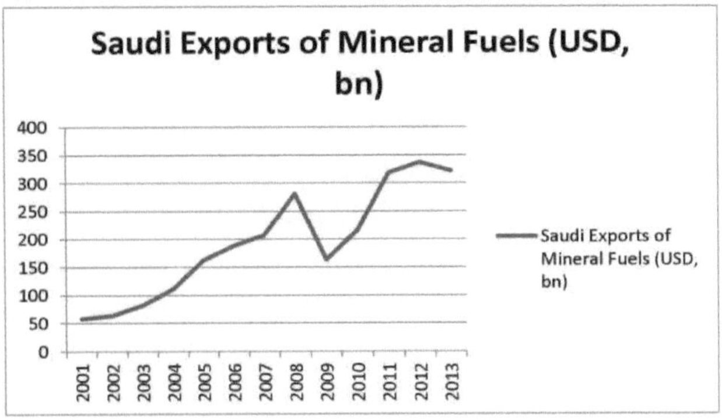

Figure 10. Exportações de combustíveis minerais da Arábia Saudita durante o período 2001-2013.

Fonte: Sítio Web da OCDE: Centro de Comércio Internacional, Base de Dados de Cartões Comerciais

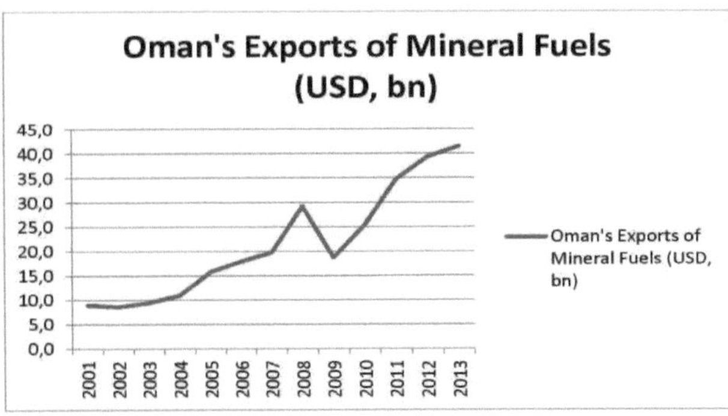

Figure 11. Exportações de combustíveis minerais de Omã no período 2001-2013.

Fonte: Sítio Web da OCDE: Centro de Comércio Internacional, Base de Dados de Cartões Comerciais

Olhando para os gráficos acima, que mostram a elevada taxa de crescimento das exportações de combustíveis minerais tanto na Arábia Saudita como em Omã, torna-se claro porque é que a percentagem das exportações no PIB de ambos os países aumentou (ver Figura 9) e porque é que as suas bases do PIB também cresceram tão rapidamente na década de 2000. Isto também explica por que razão a Figura 7, que mostra o VAB dos dois países em percentagem do PIB, é difícil de interpretar, apesar do forte crescimento do VAB da Arábia Saudita em termos absolutos (Figura 8).

A rápida taxa de crescimento das receitas provenientes das exportações de combustíveis minerais na Arábia Saudita e em Omã na década de 2000 é, por conseguinte, um fator a ter em conta na análise da relação causal entre a variável independente (XI ou o grau de industrialização de um país) e a variável dependente (D ou os benefícios económicos decorrentes da adesão à OMC). Dado que as exportações de combustíveis minerais (1-1.2) desempenharam um papel tão importante no crescimento do PIB de ambos os países na década de 2000, seria agora praticamente impossível reproduzir estatisticamente a relação causal entre X1 e D. O impacto do grau de industrialização dos países (X1) ou do valor acrescentado da indústria transformadora (I-1.1) durante o período estudado torna-se muito reduzido quando comparado com o impacto de um fator tão importante como a taxa de crescimento das exportações de combustíveis minerais (1-1.2).

6.4.1.4 Métodos qualitativos para testar a hipótese 1

Nesta fase de teste da Hipótese 1, a análise atingiu um certo marco, mas também enfrenta o desafio de uma forte variável interveniente. As outras conclusões relativas à hipótese 1 devem ser tiradas numa base "hipotética" ou condicional. Já existem provas estatísticas de uma relação positiva entre o grau de industrialização de um país (X1) e o nível de valor acrescentado na indústria transformadora (1-1.1). Isto significa que a influência do grau de industrialização no chamado "PIB da indústria transformadora" é também positiva. Se retirarmos da imagem do PIB total a variável interveniente que influencia tão fortemente o nível do PIB total, ou seja, a elevada taxa de crescimento das exportações de combustíveis minerais ou 1-1.2, podemos supor que o VMA teria uma influência muito mais forte no PIB total. Neste caso, o forte contraste entre os níveis de VAB da Arábia Saudita e de Omã (Figura 8) refletir-se-ia ainda mais claramente na dinâmica do PIB dos dois países, ou seja, a taxa de crescimento do PIB da Arábia Saudita seria ainda mais elevada do que a de Omã, o que confirmaria a hipótese 1.

Se esta restrição for introduzida, ou seja, se o impacto do rápido crescimento das exportações de combustíveis minerais na Arábia Saudita e em Omã durante a década de 2000 for retirado dos valores históricos do PIB, pode concluir-se que o nível de industrialização destes países no momento da sua adesão à OMC teve efetivamente um impacto positivo nos benefícios económicos decorrentes da sua adesão à OMC. Este mecanismo causal foi desencadeado pelo aumento do valor acrescentado no sector da indústria transformadora da Arábia Saudita, graças a uma base sólida de industrialização no momento da adesão à OMC, tal como evidenciado pelo índice PIC da ONUDI de 0,09. O sector da indústria transformadora da Arábia Saudita foi capaz de resistir à liberalização do comércio provocada pela OMC, uma vez que já se encontrava numa fase próxima da maturidade.

Estas conclusões são confirmadas por relatórios sobre a natureza do desenvolvimento económico da Arábia Saudita nos anos que se seguiram à sua adesão à OMC, incluindo no sector da indústria transformadora. Tal como em muitos países com um sector industrial forte, a adesão à OMC conduziu a um aumento dos níveis de investimento e de emprego na Arábia Saudita. O relatório sobre a política comercial do país para o período 2005-2011 afirma que

> *"O crescimento do PIB real [no período 2005-2009] deveu-se ao elevado nível de investimento, que aumentou a produtividade em muitos sectores. A taxa de crescimento anual do investimento foi de cerca de 11,2% durante o período 2005-2009, elevando o rácio médio do investimento em relação ao PIB real para cerca de 28,1% em 2009, contra 21,1% em 2005 (OMC: Relatório de Revisão da Política Comercial do Reino da Arábia Saudita, 2011)."*

A importância crescente da indústria transformadora é igualmente salientada na análise da política comercial: "A contribuição da indústria transformadora para o PIB da Arábia Saudita é de cerca de 12,7%, prevendo-se que aumente para cerca de 14% até 2014". O valor das várias indústrias e sectores transformadores emergentes na economia saudita, incluindo o seu papel no aumento da taxa de emprego, é ilustrado pelo seguinte extrato da análise da política comercial:

> *"Espera-se que o valor acrescentado das outras indústrias transformadoras cresça a uma taxa média anual de 7,6%, em comparação com 6,8% em 2009. O Nono Plano de Desenvolvimento prevê, por conseguinte, uma contribuição destas indústrias para o PIB de cerca de 9,2% em 2014. O investimento e o emprego nestas indústrias deverão crescer a taxas médias anuais de cerca de 15,3% e 0,3%, respetivamente, nos próximos três anos, em comparação com 6,3% e 0,8% em 2009 (ibid.)".*

Tudo isto contribui para um maior crescimento do PIB, em especial da parte do PIB não relacionada com os hidrocarbonetos, que constitui uma prioridade fundamental da política económica do Governo saudita. O sólido nível de industrialização alcançado pelo país até à sua adesão à OMC em 2005 é o resultado dos planos de desenvolvimento quinquenais do país, que fizeram da diversificação da base económica o principal objetivo do desenvolvimento económico e social da Arábia Saudita. Estes planos de desenvolvimento "colocaram uma forte ênfase no desenvolvimento e no reforço do papel dos sectores não relacionados com os hidrocarbonetos na economia nacional" (ibid.). Em consequência, "a contribuição dos sectores não hidrocarbonetos aumentou em valor a uma taxa média anual de 5,5%, tendo a sua parte no PIB aumentado de 51% em 1970 para 73,5% em 2009" (ibid.).

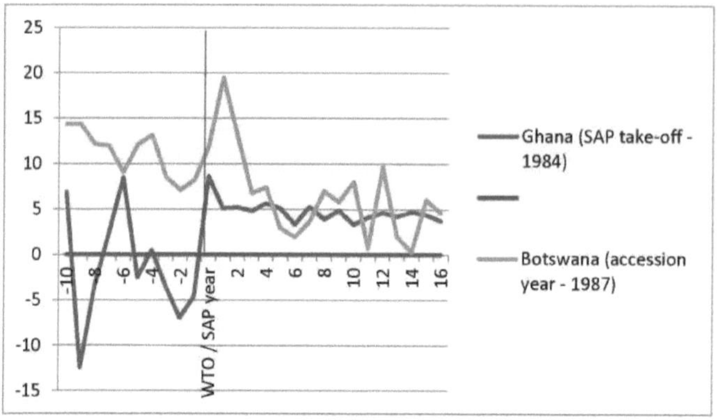

6.4.2. Verificação da hipótese 2

A segunda hipótese a testar é a de que "um país que aplica uma estratégia de industrialização coordenada a nível central obtém maiores benefícios económicos da sua adesão à OMC". O primeiro e mais fundamental passo no teste estatístico da hipótese 2 é, por conseguinte, comparar a forma como as tendências do desempenho do PIB dos dois países evoluíram após a sua adesão à OMC (ou, no caso do Gana, após a sua adesão condicional à OMC). As tendências anuais do crescimento do PIB do Gana e do Botsuana são apresentadas no gráfico seguinte:

Figura 12: Taxas de crescimento anual do PIB no Gana e no Botswana antes e depois da adesão à OMC (Botswana) e do lançamento das reformas do PAE (Gana).
Fonte: Indicadores de Desenvolvimento Mundial do Banco Mundial, 2015

O gráfico acima mostra os diferentes níveis de crescimento do PIB antes da adesão à OMC ou do ano em que o PAE foi introduzido (a linha vertical vermelha). O nível baixo e instável do PIB do Gana nos anos anteriores ao PAE está provavelmente ligado ao elevado nível de corrupção e às tensões sociais e políticas no país (African Economic Outlook: Ghana 2014). É evidente que as reformas do PAE, que tinham por objetivo introduzir uma economia de mercado livre no país, tiveram um impacto positivo na estabilização das taxas de crescimento do PIB. Nos 10 anos anteriores ao PAE, a taxa média de crescimento do PIB do Gana foi negativa, com -0,61%. No entanto, nos 16 anos seguintes, a taxa de crescimento do PIB do país estabilizou e manteve-se a um nível bastante bom, com uma média de 4,75%.

Quadro 5: Taxas médias de crescimento no Gana e no Botsuana antes e depois da adesão à OMC/introdução do PAE.

Taxa média de crescimento do PIB (%)	Adesão à OMC (Botsuana, 1987) ou introdução do PAE (Gana, 1984)		Variação da taxa do PIB
	10 anos antes	16 anos depois	
Taxa média de crescimento no Gana	-0,61	4,75	5,36
Taxas médias de crescimento no Botsuana	11,17	6,55	-4.62

Fonte: Indicadores de Desenvolvimento Mundial do Banco Mundial, 2015

Embora as opiniões divirjam quanto à questão de saber se o modelo de economia de mercado livre ou o modelo de Estado em desenvolvimento teria sido mais adequado para o Gana, a comparação estatística mostra que o programa de ajustamento estrutural e as suas reformas da economia de mercado constituíram uma via de desenvolvimento eficaz e tiveram um impacto positivo na economia do país.

No caso do Botsuana, o boom que o país registou após a descoberta dos seus depósitos de diamantes na década de 1960 abrandou na década de 1990, como mostra o gráfico acima. Entre 1977 e 1987, o crescimento médio do PIB do Botsuana foi de uns impressionantes 11,17%. Nos 16 anos seguintes, desceu para 6,55%.

Embora a taxa de 6,55% seja também um indicador muito bom, que muitos outros países gostariam de ter, a questão de saber por que razão a taxa média de crescimento do PIB do Botswana, ou seja, -4,62%, abrandou, permanece. Esta questão deve ser examinada através de observação e análise qualitativa num projeto de investigação separado.

Entretanto, o autor conclui, com base em comparações estatísticas entre o Gana e o Botsuana, que a afirmação de que um país com uma estratégia de industrialização coordenada a nível central obtém maiores benefícios económicos da adesão à OMC *não pode ser provada.* O Gana, cujo governo abandonou em grande medida a sua política intervencionista após a sua adesão condicional à OMC em 1984, registou efetivamente taxas de crescimento do PIB mais elevadas. Ao mesmo tempo, o Botsuana, cujo governo prosseguiu a sua abordagem e política de desenvolvimento após a adesão à OMC em 1987, com um elevado grau de intervenção na política industrial e comercial, não conseguiu acelerar o seu crescimento económico, tendo registado taxas de crescimento mais lentas.

6.4.3. Verificação da hipótese 3

6.4.3.1 Análise estatística comparativa

Para testar a hipótese de que "quanto mais cedo um país adere à OMC, maiores são os benefícios económicos que retira da sua adesão" no caso do Barém e da Arábia Saudita, é necessário comparar os indicadores estatísticos dos dois países, ou seja, as taxas de crescimento anual do PIB antes e depois da adesão à OMC (ou do GATT, no caso do Barém). Deste modo, é possível determinar se a variação das taxas médias anuais de crescimento do PIB foi positiva ou negativa no caso dos dois países e, assim, tirar as primeiras conclusões quanto à validade da hipótese positiva ou negativa.

Figura 13: Taxas de crescimento anual do PIB para o Barém e a Arábia Saudita antes e depois da OMC.

accession.

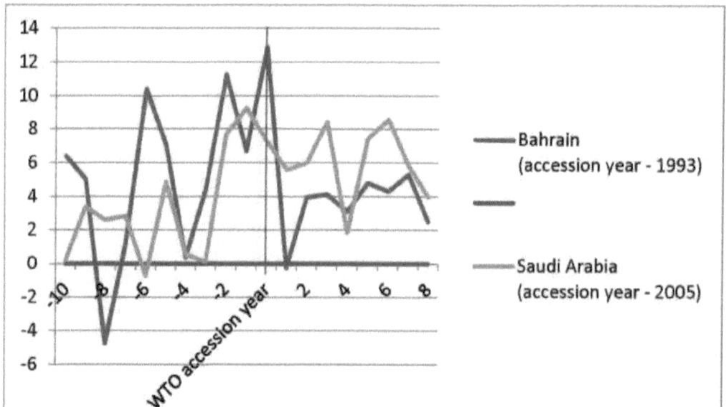

Fonte: Indicadores de Desenvolvimento Mundial do Banco Mundial, 2015

O gráfico 13 mostra que a tendência do PIB da Arábia Saudita regista uma evolução mais positiva após a sua adesão à OMC. No caso do Barém, a tendência diminui drasticamente no ano seguinte à adesão ao GATT, mantendo-se depois a um nível de cerca de 4-5%. Para quantificar estas tendências com números concretos, é necessário analisar as taxas médias exactas de crescimento do PIB nos dois períodos:

Quadro 6: Taxas médias de crescimento do PIB no Barém e na Arábia Saudita antes e

depois da sua adesão à OMC.

Taxa média anual de crescimento do PIB	Adesão à OMC		Variação do rácio do PIB
	10 anos antes	8 anos depois	8 anos depois
Taxa média de crescimento do Barém	5,53	5,08	-0,45
Taxa média de crescimento da Arábia Saudita	3,45	6,86	3,41

Fonte: Indicadores de Desenvolvimento Mundial do Banco Mundial, 2015

A taxa média de crescimento do PIB do Barém, que aderiu ao GATT/OMC em 1993, diminuiu efetivamente de forma ligeira nos oito anos seguintes à adesão ao GATT, passando de 5,53% antes da adesão para 5,08%. Isto representa uma tendência negativa de -0,45%. Ao mesmo tempo, a tendência tem sido muito mais positiva para a Arábia Saudita, que só aderiu ao GATT mais tarde, em 2005. A sua taxa média de crescimento do PIB duplicou, passando de 3,45% nos dez anos anteriores à adesão à OMC para 6,86% no período pós-adesão, um aumento significativo de 3,41%.

Esta observação não é consistente com a terceira hipótese, chegando mesmo a contradizê-la, o que nos leva a concluir que o timing, ou seja, a antecipação ou o atraso da adesão à OMC, provavelmente não desempenha um papel importante na capacidade de um país candidato retirar benefícios económicos da sua adesão. A análise qualitativa dos resultados estatísticos deverá esclarecer melhor o mecanismo causal entre a adesão tardia e os benefícios económicos, caso exista. Outro resultado possível de uma análise qualitativa mais aprofundada é a identificação de outras variáveis políticas que têm um maior impacto na capacidade de um país para retirar benefícios económicos da adesão à OMC. Embora uma análise qualitativa tão aprofundada deva ser objeto de um projeto de investigação separado, o autor tentará identificar brevemente alguns factores explicativos dos benefícios de uma adesão precoce ou tardia à OMC.

6.4.3.2 Alguns factores explicativos

Em primeiro lugar, as secções anteriores deste trabalho forneceram pelo menos uma explicação para os resultados estatísticos da Figura 13. Uma variável interveniente extremamente importante que influencia o caso saudita é o aumento das exportações de combustíveis minerais na década de 2000 (ver Figura 10). Este é, por si só, um fator muito mais poderoso do que quaisquer benefícios - provavelmente fragmentários - decorrentes da adesão de um país à OMC. É por isso que é problemático analisar a hipótese 3 estatisticamente ou mesmo qualitativamente com base no exemplo da Arábia Saudita. Além disso, é muito provável que cada país enfrente desafios semelhantes, ou seja, factores que têm uma maior influência no tipo de benefícios económicos de que um país pode usufruir em comparação com o momento em que adere à OMC. Isto deve-se ao facto de existirem muitos factores diferentes - económicos, políticos e sociais - que influenciam ou afectam a prosperidade económica de um país ou comunidade.

É por isso que, em estudos qualitativos posteriores sobre os benefícios ou os custos da adesão antecipada ou tardia de um país à OMC, a questão da metodologia e da operacionalização deve ser cuidadosamente considerada. A análise estatística comparativa acima referida foi deliberadamente realizada com uma metodologia bastante simples, a fim de lançar o debate sobre as perdas económicas dos membros tardios em relação aos membros precoces.

Uma forma de quantificar os ganhos/perdas associados ao calendário de adesão à OMC é avaliar a duração acrescida do processo de adesão à OMC a que os "retardatários" têm de se submeter. É amplamente reconhecido que o atraso no pedido de adesão à OMC afecta não só a natureza laboriosa do processo de adesão, mas também o número de compromissos que o país aderente tem de assumir (Evenett e Braga 2006; ver também o capítulo 2 sobre a adesão à OMC). Tudo isto pode, pelo menos, ser quantificado em termos dos vários custos administrativos das instituições e funcionários envolvidos no processo de adesão em nome do país aderente.

Contudo, a julgar pelos resultados da comparação estatística acima referida, o momento da adesão à OMC não tem um impacto económico direto na economia de um país. Pelo contrário, a nível político, os governos aderentes devem centrar-se nos principais benefícios ou custos da adesão à OMC, ou seja, os relacionados com a abertura dos mercados de exportação, a atração de mais investimento estrangeiro, a melhoria da competitividade da indústria nacional, etc.

Capítulo 7 Resultados da investigação

Para responder à questão de investigação "Em que condições é economicamente vantajoso para um país em desenvolvimento exportador de produtos de base aderir à OMC?", o autor trabalhou com três hipóteses. Os resultados do exame estatístico comparativo das hipóteses são apresentados no quadro 7 infra.

Assim, uma das três hipóteses foi testada positivamente. Chegou agora o momento de a comunidade académica ou profissional examinar e criticar a base metodológica e lógica do procedimento de teste. Uma vez recebidos os comentários sobre as eventuais lacunas do presente estudo, a metodologia poderia talvez ser aperfeiçoada com vista à realização de um novo estudo sobre a mesma questão de investigação.

Entretanto, esta hipótese pode servir como um guia provisório para os países que estão a considerar ou em vias de aderir à OMC. Estes países poderiam utilizar a vantagem da sua industrialização precoce para obterem maiores benefícios económicos quando a liberalização do comércio for lançada como parte da adesão à OMC.

As hipóteses 2 e 3 não devem ser completamente abandonadas pelo simples facto de terem sido testadas negativamente neste estudo. As ideias propostas nestas hipóteses podem ser exploradas mais profundamente, talvez utilizando uma metodologia mais sofisticada. Uma possibilidade de melhorar a metodologia poderia ser identificar uma variável dependente que tenha uma relação causal mais direta com as variáveis independentes. Isto significa que a quantificabilidade desta variável dependente pode ter de ser sacrificada, mas esta abordagem tem as suas vantagens. O objetivo do presente estudo era centrar-se exclusivamente nos benefícios económicos da adesão à OMC e quantificar esses benefícios.

Quadro 7: Relações causais entre as variáveis independentes e a variável dependente segundo três hipóteses

Hipótese	Variável independente	Caso A	Caso B	Variável dependente (D)	Resultados

1) "Quanto mais industrializado é um país, mais benefícios económicos retira da sua adesão à OMC".	Nível do Industrialização (XI)	**Arábia Saudita:** uma taxa de industrialização mais elevada conduz ao crescimento económico após a adesão à OMC graças a um maior valor acrescentado no sector transformador (+)	**Omã:** um menor grau de industrialização conduz a um menor crescimento económico do que no caso A (-)	Benefícios económicos (PIB e valor acrescentado na indústria transformadora)	A hipótese 1 foi testada positivamente, mas a variável interveniente das elevadas receitas das exportações de combustíveis minerais em ambos os países impede uma ligação estatística clara entre XI e D.
2) "Se um país tiver uma estratégia de industrialização coordenada a nível central, obterá maiores benefícios económicos da adesão à OMC".	A estratégia central de economia/industrialização está em vigor	**Botsuana:** o planeamento central do desenvolvimento económico pelo governo não conduz a um maior crescimento económico após a adesão à OMC (-)	**Gana:** a ausência de planeamento central do desenvolvimento económico pelo governo está correlacionada com um maior crescimento económico (+)	Maior crescimento económico	A hipótese 2 NÃO foi testada positivamente.
3) "Quanto mais cedo um país aderir à OMC, maiores serão os benefícios económicos da sua adesão".	Antecedência de Adesão à OMC	**Arábia Saudita:** uma adesão tardia à OMC não significa menos benefícios económicos (-)	**Barém:** a adesão antecipada à OMC não conduz a um maior crescimento económico (+)	Maior crescimento económico	A hipótese 3 NÃO foi testada positivamente.

Capítulo 8 Conclusão

Neste trabalho, foram analisadas três hipóteses em resposta à questão de investigação "Em que condições um país em desenvolvimento exportador de produtos de base tem uma vantagem económica em aderir à OMC? Foram desenvolvidas e analisadas três hipóteses, cada uma representando uma condição que tem impacto no nível de benefícios económicos que os países podem retirar da adesão à OMC.

As condições incluíam (1) o grau de industrialização de um país, (2) a coordenação da política económica pelo governo central e (3) a adesão tardia de um país à OMC. Para testar as três hipóteses, foram seleccionados três pares de casos, correspondentes à abordagem mais semelhante da conceção do sistema. Os países seleccionados foram os países em desenvolvimento ricos em recursos, a fim de responder com maior precisão à questão de investigação. O método de comparação de indicadores estatísticos para os pares de países seleccionados foi escolhido para períodos de cerca de 10 anos antes e depois da sua adesão à OMC. Este método permite acompanhar o impacto das diferentes variáveis independentes (as três condições acima referidas) na variável dependente (os benefícios económicos da adesão à OMC) em cada uma das hipóteses. O Turquemenistão, que ainda não solicitou a sua adesão à OMC, mas que está a ponderar fazê-lo, foi escolhido como representante de um grupo de países que poderiam potencialmente beneficiar dos resultados deste estudo.

Uma das três hipóteses, nomeadamente a primeira relativa ao grau de industrialização de um país, foi testada positivamente. Isto significa que existem atualmente provas mais sólidas de que os países devem aplicar a abordagem estratégica da industrialização a fim de aumentar as suas capacidades produtivas antes de serem confrontados com a necessidade imediata de liberalizar as suas economias e políticas comerciais no âmbito dos seus compromissos de adesão à OMC.

Embora este trabalho tenha examinado as condições (variáveis independentes) que influenciam a eficácia da adesão à OMC (essencialmente a variável dependente) e os mecanismos causais, a investigação futura analisará com maior precisão se as variáveis independentes podem ou não ser influenciadas, em especial a que foi testada positivamente.

A nível prático, os decisores políticos e outras partes interessadas devem procurar alterar o estado atual das condições que influenciam os resultados da adesão à OMC. Desta forma, a política subsequente do governo nacional e/ou da indústria pode centrar-se no trabalho com estas condições. Por exemplo, a estratégia de industrialização é algo em que o governo central e outras partes interessadas podem trabalhar e utilizar para beneficiar mais da adesão à OMC. A estrutura da economia de um país, incluindo a sua dependência das exportações de um determinado produto de base, pode ser alterada, mas isso levaria muito tempo, pelo que o processo deveria começar o mais rapidamente possível, se é que ainda não começou.

Estas conclusões são muito pertinentes e oportunas para o Turquemenistão, que está a desenvolver e a aplicar a sua estratégia de industrialização. O desenvolvimento de indústrias orientadas para a exportação ajudaria a colher maiores benefícios da abertura dos mercados de exportação. O país deve ter como objetivo atingir um nível de maturidade próximo da maturidade na sua industrialização, de modo a que a vantagem comparativa estática possa ser transformada em vantagem comparativa dinâmica quando forem introduzidas verdadeiras reformas de liberalização do comércio sob a égide da adesão à OMC. Tal aumentaria o valor acrescentado no sector transformador da economia e contribuiria para um maior crescimento económico.

Referências / Bibliografia

Acemoglu, D., e J. A. Robinson (1999). On the political economy of institutions and development". American Economic Review 91 (4): 938-63.

Perspectivas Económicas Africanas: Gana 2014, disponível em http://www.africaneconomicoutlook.org/fileadmin/uploads/aeo/2014/PDF/CN Long FR/Ghana FR G.pdf, (último acesso em 2 de janeiro de 2015).

Asian Development Outlook 2014: Turkmenistan, disponível em http://www.adb.org/countries/turkmenistan/main, (último acesso em 5 de janeiro de 2015).

Bell, M., Ross-Larson, B. & Westphal, L., (1984), 'Assessing the Performance of Infant Industries', .IDE, 1984, nos. %.

Benneh, Wilson (1998), "Structural Adjustment in Ghana: An Examination of the Effects ofPolicy Reforms on the Structure and Performance of the Manufacturing Sector", Universidade de Ciência e Tecnologia Kwame Nkrumah, Kumasi.

Capital Resources. Botswana Country Overview 2013/14, disponível em http://acap.com.au/wp-content/uploads/2013/09/B0TSWANA-C0UNTRY-AND-EC0N0MIC-0VERVIEW-2013.pdf; (último acesso em 10 de janeiro de 2015)

Bhagwati, Jagdish (2007), In Defense of Globalization. Oxford University Press.

Blackhurst, Richard (2000), "Reforming WT0 Decision Making: Learning from Singapore and Seattle". Center for Research on Economic Development and Policy Reform (Documento de trabalho n.º 63): 1-20.

Cattaneo, 0livier e Primo Braga, Carlos A. (2009), "Everything You Always Wanted to Know about WT0 Accession (But Were Afraid to Ask)". Policy Research Working Paper 5116, Banco Mundial.

Cattaneo, 0livier (2008), "The political economy of free-trade agreements", em Simon Lester e Bryan Mercurio (eds), Bilateral and Regional Trade Agreements, Commentary and Analysis, Cambridge University Press.

Cimoli, Mario; Giovanni Dosi, e Joseph E. Stiglitz (eds.), Industrial Policy and development: The Political Economy of Capabilities Accumulation (Nova Iorque: Oxford University Press, 2009).

Dutt, Amitova K. (1988), *Monopoly power and uneven development: Baran revisited*, Journal of Development Studies 24 (1988): 161-176.

EBRD Transition Report (2014), Turkmenistan, disponível em http://tr.ebrd.com/tr14/turkmenistan, (último acesso em 4 de janeiro de 2015).

Eschenbach, Felix, e Bernard Hoekman (2006), "Services Policies in Transition Economies: on the EU and the WTO as Commitment Mechanisms", *World Trade Review*, vol. 5, n.º 3, pp. 415-43.

Evenett, Simon J. (2006), Competition Advocacy: Time for Rethink? Northwestern Journal of International Law and Business, 26(3), 495-514.

Evenett, Simon J. (2006), A Summary Report of the Discussion on Improving the Accession Process in the 21st Century, sessão organizada pelo Centro de Desenvolvimento Internacional (IDRC), Canadá, Fórum Público da OMC.

Evenett, Simon J., e Carlos A. Primo Braga. Primo Braga (2006), "WTO accession: moving the goalposts?", em Richard Newfarmer (ed.), Trade, Doha, and Development: a Window into the Issues, Banco Mundial, pp. 231-45.

Friedman, Thomas (2005), The World is Flat: FurtherUpdated and Expanded (Release 3.0) (2ª edição revista e alargada). Farrar, Straus e Giroux. 2007.

GhanaWeb, destaques da história económica, disponível em http://www.ghanaweb.com/GhanaHomePage/history/timeline.php, (último acesso em 20 de janeiro de 2015).

Gallagher, Peter; Low, Patrick e Stoler, Andrew L. (eds.), *(2000'), Managing the Challenges of WTO Participation, 45 Case Studies*, Cambridge University Press e WTO.

Gerschenkron, Alexander. (1962), "Economic Backwardness in Historical Perspective", (Frederick A. PraegerPublishers, 1962).

Heckscher, Eli (1949), "The Effect of Foreign Trade on the Distribution of Income", em Ellis e Metzler, eds, Readings in the Theory of International Trade, Philadelphia: Blakiston.

Humphreys, Macartan; Sachs, Jeffrey e Stiglitz, Joseph (2007), "Escaping the Resource Curse". Nova Iorque: Columbia University Press, 2007.

International Trade Centre (2015), Trade Map Database, disponível em www.trademap.org, (último acesso em 5 de janeiro de 2015)

Khor, M. (2000), "Rethinking liberalisation and WTO reform". Third World Network, disponível em http://www.twn.my/title/davos2-cn.htm, (último acesso em outubro de 2014).

Khor, M. (2001) Rethinking Globalization: Critical Issues and Policy Choices. Londres: Zed Books.

Krugman, Paul (1981), Trade, accumulation and uneven development, Journal of Development Economics 8 (1981): 149-161.

Kwa, Aileen, "WTO and Developing countries", disponível em http://www.saylor.org/site/wp-content/uploads/2013/04/ECON307-2.3-WTOandDevelopingCountries.pdf (último acesso em 10 de dezembro de 2014).

Lewin, Michael (2011), "Chapter 4: Botswana's Success: Good Governance, Good Policies, and Good Luck", em Chuhan-Pole, Punam e Angwafo, Manka, "Yes, Africa Can: Success Stories from a Dynamic Continent", Banco Mundial, Washington, D. C.

Nurkse, R. (1953), Problems of Capital Formation in Underdeveloped Countries; Oxford: Basil Blackwell.

Ohlin, Bertil (1933), "Interregional and International Trade" Cambridge, Mass: Harvard University Press.

Pack, H. & Westphal, L., (1986), 'Industrial Strategy and Technological Change: Theory and Reality', JDE, 1986

Raghavan, Chakravarthi (2000), "UNCTAD Plan of Action Provides Critique ofWTO Agreements", 23 de fevereiro de 2000, disponível em www.twn.my/title/plan.htm, (último acesso em 3 de janeiro de 2015)

Ricardo, D., (1817), On the Principles of Political Economy and Taxation. Extraído de Biblioteca deEconomia e Liberdade em outubro de 2014.

Rodrik, D., 'Closing the Productivity Gap: Does Trade Liberalisation Really Help? in G. Helleiner (Hrsg.), Trade Policy, Industrialisation, and Development, Oxford, Inglaterra: Clarendon Press, 1991.

Rose, Andrew K. (2004), "Do we really know that the WTO increases trade?", *The American Economic Review*, Volume 94, Número 1, pp. 98-114.

Rosenstein-Rodan, P. N. (1943), Problems of industrialization in Eastern and South-Eastern Europe, Economic Journal, 53, pp. 202-211.

Rosenstein-Rodan, P. N. (1961), Notes on the 'big push' theory, in: H. S. Ellis & H. C. Wallich (ed.): Economic Development for Latin America (Londres: Macmillan).

Rosser, Andrew (2006), "Escaping the Resource Curse", em: New Political Economy 11 (4): 557-70; 2006.

Ross, Michael (1999) "The Political Economy of the Resource Curse", em World Politics 51 (2): 297322,1999.

Shafaeddin, S.M. (2005), "Trade Liberalization and Economic Reform in Developing Countries: Structural Change or De-Industrialization?", in UNCTAD Discussion Paper No.179, abril de 2005.

Smith, Adam (1776). An Inquiry into the Nature and Causes of the Wealth of Nations' 1 (1 ed.). Londres: W. Strahan. Acedido em outubro de 2014, volume 2, através do Google Books.

Streeten, Paul (1973), "Trade strategies for development: some themes for the seventies", World Development, 1973, vol. 1, livro 6, pp. 1-10. 1, livro 6, pp. 1-10.

Todaro, M, e Smith S (2011), Economic Development (11.ª edição); Addison-Wesley, Londres.

Tsogtbaatar, Damedin (2005), "Mongolia's Accession to WTO: Expectations and Realities of WTO Membership", em Peter Gallagher, Patrick Low e Andrew L. Stoler (eds), *Managing the WTO.*

Challenges of WTO Participation, 45 Case Studies, Cambridge University Press e WTO, p. 40920.

Fundação Heritage, www.heritage.org

Índice de conversão IPV, www.bti-project.org

Sítio Web do Comité Nacional de Estatística do Turquemenistão, www.stat.gov.tm

Westphal, L., (1982), "Fostering Technological Mastery by means of Selective Infant-industry Proteção" em M. Syrquin & S. Tieitel (eds.), Trade, Stability, and Equity in Latin America

Sítio Web do Banco Mundial (2014), World Development Indicators, disponível em http://data.worldbank.org/indicator, (último acesso em 11 de janeiro de 2015)

OMC (2011): Relatório sobre a revisão da política comercial do Reino da Arábia Saudita.

Sítio Web da OMC (2015a), "What is the WTO?", disponível em. http://www.wto.org/english/thewto e/whatis e/whatis e.htm (último acesso em 16 de dezembro de 2014)

Sítio Web da OMC (2015b), http://www.wto.org/english/thewto e/whatis e/tif e/fact3 e.htm; (acedido em 4 de janeiro de 2015)

Sítio Web da OMC (2015c), disponível em ttp://www.wto.org/english/thewto_e/whatis_e/tif_e/org6_e.htm

UNIDO website, http://www.unido.org/data1/Statistics/Research/cip.html, (último acesso em 17 de janeiro de 2015).

Base de dados UN Comtrade, http://comtrade.un.org/, (último acesso em 20 de janeiro de 2015).

Zahid, Khan (2005), The Impact ofWTO on Saudi Arabia, 19 de setembro de 2005, The Arab News.website, disponível em http://www.arabnews.com/node/273257 (último acesso em 25 de dezembro de 2014).

MIX
Papier aus verantwortungsvollen Quellen
Paper from responsible sources
FSC® C105338

Printed by Books on Demand GmbH, Norderstedt / Germany